Ingresos pasivos e ideas de negocio

Descubre el secreto de las personas que trabajan menos y ganan más. Gana dinero con marketing de afiliados, dropshipping, un blog, Amazon y FBA, entre otros

Tabla de Contenidos

INTRODUCCIÓN 4

CAPÍTULO 1 - EL INGRESO PASIVO DE LOS PRINCIPIANTES.......... 7
- CUATRO TIPOS DE INGRESOS PASIVOS 9
- CINCO PASOS DE INICIO RÁPIDO PARA UN INGRESO PASIVO 11
- CINCO HERRAMIENTAS INGENIOSAS DE MICRO INVERSIÓN 22

CAPÍTULO 2--DESCUBRA EL ÉXITO DE LA AUTOEDICIÓN 28
- CÓMO ESCRIBIR UN LIBRO. SU CAMINO HACIA LA OBTENCIÓN DE GRANDES BENEFICIOS EN LA AUTOEDICIÓN 32
- COMERCIALIZACIÓN DE SU LIBRO. CONSEJOS PARA MAXIMIZAR LOS BENEFICIOS DE SU LIBRO 43
- CONSEJOS PARA PUBLICAR LIBROS DE AUDIO 45
- SEIS PASOS HACIA LA OBTENCIÓN DE INGRESOS ADICIONALES MEDIANTE LA PUBLICACIÓN DE CURSOS EN LÍNEA 48

CAPÍTULO 3--BLOGGING PARA GRANDES GANANCIAS 55
- LA VERDAD SOBRE GANAR A TRAVÉS DE LOS BLOGS 55
- SIETE MANERAS DE OBTENER INGRESOS DE LOS BLOGS 62

CAPÍTULO 4-HAGA INGRESOS PASIVOS EN INTERNET HOY 67
- TODO LO QUE NECESITAS SABER SOBRE LA COMERCIALIZACIÓN DEL AFILIADO 67
- CINCO PASOS PARA CONVERTIRSE EN UN VENDEDOR DEL AFILIADO 70
- GANA DINERO CON EL ENVÍO DE DINERO 78
- CINCO PASOS ESENCIALES EN LA CREACIÓN DE UNA EMPRESA DE DROPSHIPPING 79

CAPÍTULO 5: HÁGASE MÁS RICO MIENTRAS DUERME 83

AMAZONAS FBA 83

TODO LO QUE NECESITA SABER SOBRE LAS OPORTUNIDADES DE PRÉSTAMOS
ENTRE PARES 86

40 MANERAS EN QUE PUEDE USAR SUS HABILIDADES O INTERESES PARA
OBTENER UN INGRESO PASIVO 89

CAPÍTULO 6--HAGA INVERSIONES ASESINAS 98

CÓMO EMPEZAR A INVERTIR EN ACCIONES 98

TODO ACERCA DE CD LADDERING 103

CUATRO MANERAS SIMPLES DE OBTENER INGRESOS POR INVERSIONES
INMOBILIARIAS 105

CONCLUSIÓN... 109

Introducción

Veamos algunas de las razones por las que está interesado en encontrar algunas fuentes de ingresos adicionales. Tal vez usted ya tiene un trabajo, pero el dinero que gana de ese trabajo nunca parece proporcionar suficientes ingresos para satisfacer todos sus deseos y necesidades. O tal vez usted está ganando suficientes ingresos para satisfacer sus deseos y necesidades actuales, pero no puede imaginarse trabajando para siempre. Le gustaría hacer la transición a una carrera o carreras que te ofrezcan más independencia, más flexibilidad, más ingresos, o todo lo anterior. O tal vez usted está buscando una manera de complementar sus ingresos actuales sin gastar mucho tiempo en hacerlo. No está buscando necesariamente "dinero fácil", pero sería bueno que pudieras complementar sus ingresos sin tener que dedicar mucho tiempo a ello.

En este libro, voy a proporcionarle la información que necesitará para crear fuentes de ingresos adicionales para usted sin tener que dedicar mucho tiempo extra para hacerlo. Es posible que haya oído que la gente se jacta de ganar dinero mientras duerme. Bueno, los flujos de ingresos pasivos pueden permitirle hacer exactamente eso: ganar dinero mientras duerme. Sí, se requerirá un esfuerzo inicial, pero le mostraré algunas maneras de obtener ingresos adicionales con un esfuerzo mínimo. En algunos casos, usted podrá usar su dinero para ganar más dinero. Por otro lado, si usted no tiene el dinero necesario para ganar más dinero, le mostraré algunas otras maneras en las que puede aumentar sus flujos de ingresos con poca o ninguna inversión financiera. Así que, si tienes el dinero para ganar más dinero, pero no el tiempo, puedo ayudarte. De la misma manera, si usted tiene el tiempo, pero no el dinero para hacer más dinero, yo puedo ayudarle.

Mi nombre es David Allen. Me llamo a mí mismo un experto en el "side hustle". Durante años, investigué y probé muchas maneras diferentes de crear ingresos adicionales para mí y mi familia. Mi misión en la vida es encontrar maneras fáciles y prácticas de obtener ingresos adicionales. Durante mi viaje, he desarrollado algunas formas probadas y verdaderas para que la gente pueda obtener ingresos adicionales. Y sí, he cometido algunos errores en el camino, pero siempre me alegra que los demás aprendan de mis errores y equivocaciones. A medida que envejezco, me doy cuenta de que mis errores son cada vez más frecuentes. Ahora estoy en un punto en el que creo que tengo mucha buena información para compartir con otros. He demostrado que puedo establecer grandes flujos de ingresos pasivos, muchos de los cuales requieren muy poco tiempo y esfuerzo.

En el pasado, he impartido muchos de mis hallazgos a amigos que estaban ansiosos por aprender a obtener un ingreso más pasivo. Muchos de esos amigos se han beneficiado sustancialmente de mis conocimientos y experiencia en la creación de sus propias fuentes de ingresos pasivos. Algunos de ellos incluso me dan crédito por haber cambiado sus vidas; muchos de ellos a menudo me han animado a escribir este libro y compartir mi vasto conocimiento con otros que buscan mejorar su propia situación financiera. Espero que usted sea una de las personas que se beneficie enormemente de mis conocimientos y experiencia.

Con la información que proporciono, usted podrá crear fuentes de ingresos adicionales para sí mismo. Podrá ganar o ahorrar dinero extra inmediatamente con algunas de las ideas que le ofrezco. Otras fuentes de ingresos pueden tomar un poco más de tiempo, pero en la mayoría de los casos, usted debería ser capaz de empezar a ganar ingresos adicionales sin tener que pasar mucho tiempo trabajando en ello. Al leer este libro, notará que hay muchas maneras diferentes de obtener ingresos adicionales. Usted tendrá que determinar cuál de estas fuentes de ingresos funcionará para usted. Y una vez que lo determine, estará bien encaminado hacia la obtención de algún ingreso adicional a través de las diferentes corrientes disponibles para usted.

Ya que está leyendo este libro, asumo que probablemente le gustaría empezar a ganar ingresos extra más pronto que tarde. Con esto en mente, lo animo a que empieces a cambiar su vida ahora mismo implementando algunos de los consejos y técnicas que le estoy ofreciendo. Al escribir un libro de autoayuda como este, siempre existe el peligro de que el lector se suscriba a las ideas ofrecidas, pero luego decida ponerlas en práctica. Como todos sabemos, muchas veces, las personas que deciden implementar los cambios más tarde dejarán de lado las ideas y nunca volverán a ellas. Con esto en mente, me gustaría animarlo a que comience a implementar estas ideas hoy mismo. Después de todo, ¿por qué esperar para hacer cambios que le permitan obtener ingresos adicionales y lo pongan en el camino hacia la independencia financiera? A menos que usted ya sea rico, estoy seguro de que estará contento de empezar a ganar algún ingreso extra inmediatamente.

Los consejos y técnicas que ofrezco pueden dar resultados increíbles, si tan sólo se toma el tiempo para ponerlos en práctica. Cada capítulo de este libro debe ayudarle en sus esfuerzos por crear fuentes de ingresos adicionales sin gastar mucho tiempo en implementar o mantener estas fuentes. Cuando termine de leer este libro, sabrá todo acerca de los flujos de ingresos pasivos y cómo pueden cambiar su vida. Juntos, podemos hacer que suceda.

Capítulo 1 - El ingreso pasivo de los principiantes

Antes de que pueda empezar a explicarle cómo puede empezar a obtener ingresos pasivos, me gustaría definir primero el término "ingresos pasivos" y explicarle en qué se diferencia de otras formas de ingresos.

Algunos de ustedes pueden haber escuchado la frase, "Gana dinero mientras duermes". Este concepto es a menudo paralelo al concepto de ingresos pasivos.

Los ingresos pasivos son los ingresos que resultan del flujo de caja recibido de forma regular, con poco o ningún esfuerzo o participación por parte del receptor. Aunque yo no clasificaría el ingreso pasivo como "dinero fácil", señalaré que muchas fuentes de ingreso pasivo ofrecen oportunidades para que la gente gane dinero sin mucho esfuerzo. Sí, puede ser necesario un cierto esfuerzo al principio de cualquier oportunidad de ingresos pasivos. Sin embargo, después de ese esfuerzo inicial, muchas corrientes de ingresos pasivos permiten a los receptores obtener ingresos de manera continua sin mucha participación, esfuerzo o mantenimiento.

El Servicio de Impuestos Internos de los Estados Unidos enumera tres categorías de ingresos: ingresos activos, ingresos pasivos e ingresos de cartera. Ofreceré una breve descripción de cada categoría de ingresos para que podamos identificar la categoría de ingresos pasivos en la que nos centraremos en este libro.

El ingreso activo es el ingreso que una persona obtiene de un trabajo estándar o de una carrera convencional. Si usted es un camarero, un ejecutivo de mercadeo, un enfermero, o un maestro... cualquier carrera estándar, el salario que usted gana al hacer ese trabajo se considera un ingreso activo. Se llama ingreso activo porque usted es activo para obtener ese ingreso. Por ejemplo, si usted es un camarero y decide no ir a trabajar por un par de semanas, es probable que no le paguen o que no obtenga ningún ingreso de ese trabajo. Sólo obtendrá ingresos del trabajo si está activo en él.

Es posible que haya escuchado que la gente se refería a su trabajo principal como su trabajo "A" y a su trabajo secundario de aventura o ajetreo como su trabajo "B". Cuando las personas se refieren al trabajo "A", casi siempre se refieren a trabajos de ingresos activos en los que obtienen un ingreso estable como resultado de su participación en esa carrera. Y muchas personas utilizan los ingresos de su trabajo "A" para entrar en las otras dos categorías de ingresos: los ingresos pasivos y los ingresos de cartera.

Los ingresos de la cartera son ingresos derivados de actividades tales como inversiones, dividendos, intereses, ganancias de capital y regalías. Los ingresos de la cartera no se obtienen a través de la actividad comercial regular. Estos ingresos no se derivan de inversiones de los ingresos pasivos y no se obtienen a través de actividades comerciales regulares.

Los ingresos pasivos, el tipo de ingresos en el que nos centraremos con este libro, son ingresos que se derivan regularmente de actividades que requieren poco o ningún esfuerzo o participación por parte del receptor. Como ya he señalado, el ingreso pasivo no siempre es "dinero fácil" o "dinero que se gana durmiendo", ya que muchas actividades de ingreso pasivo requieren al menos un esfuerzo inicial por parte de la persona que espera beneficiarse. Y muchas actividades de ingresos pasivos requieren un mantenimiento continuo para que sigan siendo exitosas.

Cuatro tipos de ingresos pasivos

Antes de que comience a explicarle algunas maneras en las que puede obtener ingresos pasivos, explicaré los cuatro tipos de actividades de ingresos pasivos, cómo funcionan y en qué se diferencian entre sí. Aquí están los cuatro tipos de actividades de ingresos pasivos:

1) **Utilice efectivo para comprar activos de flujo de efectivo.** Este es el enfoque de "usar el dinero para hacer dinero". Ahora, antes de que se desanime, nos damos cuenta de que no todos tienen el dinero requerido para participar en esta opción. Para aquellos que no lo hagan, les seguirán otras opciones muy viables que no requieren dinero en efectivo. Pero para aquellos que tienen dinero para usar en el aumento de sus activos, podrán hacer cosas como inversiones en bienes raíces, inversión de dividendos y préstamos comerciales para aumentar sus ingresos pasivos. Dicho esto, muchas personas que tienen el "dinero para hacer dinero" se dan cuenta de que no tienen tiempo para poner su dinero a trabajar para ellos. Con esto en mente, le daré algunas recomendaciones sobre cómo puede usar su dinero para ganar más dinero sin tener que dedicar mucho tiempo extra para hacerlo.

2) **Construir Activos de Flujo de Caja.** Si no tiene montañas de dinero en efectivo para invertir, no se desespere. Usted no está solo. Usted todavía puede construir sus ganancias pasivas de ingresos. Muchas personas han aumentado sus

ingresos pasivos, gastando poco o nada de dinero. Algunos han creado productos digitales o sitios web. Otros han desarrollado blogs, conceptos de comparación de compras, conceptos de marketing de afiliación, o incluso cursos de enseñanza en línea para crear flujos de ingresos continuos. Aunque la mayoría de estas actividades requieren un poco de tiempo y esfuerzo inicial, pueden proporcionar flujos de ingresos que durarán mucho tiempo, sin ningún gasto inicial.

3) **Vender o compartir activos.** ¿Tiene activos que posee o controla y que puede convertir en fuentes de ingresos pasivas? Si mira a su alrededor, probablemente pueda identificar algunos activos tangibles que podrían venderse o compartirse para producir ingresos adicionales. Por ejemplo, ¿tiene una bicicleta estática que ya no utiliza y que ocupa espacio en su garaje? Ese es un artículo que usted probablemente podría vender para ganar algún ingreso extra. ¿Tiene un coche y tiempo extra para conducir? Si es así, usted puede ganar algún ingreso pasivo convirtiéndose en un conductor de Uber o Lyft. ¿Coleccionabas tarjetas de béisbol de niño? Tal vez es hora de vender esas tarjetas. ¿Tiene una habitación extra en su casa? Tal vez podrías alquilar esa habitación extra. ¿Tiene un cobertizo vacío en su propiedad? Tal vez podrías alquilar este cobertizo como almacén. Es muy probable que ya tenga activos allí que puedan ser convertidos en efectivo. Mire a su alrededor y vea qué activos ya posee o controla. Es casi seguro que descubrirá que algunos de estos activos pueden convertirse en fuentes de ingresos pasivas.

4) **Ingreso pasivo inverso.** Con esta actividad de ingresos pasivos, usted estará ahorrando dinero en lugar de ganar dinero. Lo hará reduciendo sus gastos continuos. Por ejemplo, usted podría reducir su factura de televisión por cable renegociándola o haciendo que un servicio de negociación lo haga por usted. Incluso si usted sólo logra un ahorro de $20 por mes, eso ascenderá a $240 anuales. También puede negociar las tasas de interés de las tarjetas de crédito o cambiar a tarjetas de crédito que tengan mejores tasas o atractivas ofertas introductorias. Si está almacenando algunas de sus pertenencias en una instalación de almacenamiento, ¿puede deshacerse de parte del contenido de esa unidad para poder alquilar una unidad más pequeña y menos costosa? Entiende la idea...mire sus gastos mensuales y vea si hay una manera de reducir algunos de esos gastos para ahorrar dinero. Eso es un ingreso pasivo inverso. Y aunque esta actividad no le hará ganar más dinero, le permitirá ahorrar algo de dinero que sin duda se puede utilizar para ganar más dinero.

Cinco pasos de inicio rápido para un ingreso pasivo

Vamos a empezar con algunas ideas para que empiece a ganar ingresos pasivos de forma rápida. La mayoría de las siguientes propuestas se ofrecen con la idea de que no requerirán mucho tiempo en su inicio o en establecerse. Más adelante en este libro se presentarán ideas sobre fuentes de ingresos pasivos que requieren mucho más tiempo. Mi objetivo es que empiece inmediatamente con algunas fuentes de ingresos pasivos que requieren muy poco tiempo. Entonces, una vez que se dé cuenta de que puede obtener ingresos de estos flujos, puede proceder a flujos más complejos que requieren más tiempo para iniciarlos.

1) **Tarjetas de crédito.** Como la mayoría de la gente tiene tarjetas de crédito, y muchas de esas personas usan tarjetas de crédito para sus compras continuas, comencemos con cómo puede obtener ingresos pasivos de sus tarjetas de crédito.

   Hay un número de cosas que usted puede hacer con sus tarjetas de crédito para asegurarse de que obtiene el máximo ingreso pasivo de esas tarjetas.

   Lo primero que debe considerar son los cargos que acompañan a sus tarjetas de crédito. Esto incluye las cuotas anuales y las tasas de interés. Tengo la sensación de que nunca debe pagar una cuota anual por una tarjeta de crédito que esté utilizando regularmente, a menos que los beneficios y recompensas que reciba por tener esa tarjeta superen con creces la cuota anual. Los cargos anuales por tarjeta de crédito oscilan entre $25 y $500 por tarjeta. Hay muchas tarjetas de crédito por ahí que anuncian que no tienen cargos anuales y si su compañía de tarjeta de crédito le está cobrando un cargo anual, le sugiero que considere cambiar a otra compañía de tarjeta de crédito o llame a su compañía de tarjeta de crédito actual y pídales que anulen su cargo anual. Usted debe saber que casi todas las compañías de tarjetas de crédito están abiertas a renunciar a las cuotas anuales, especialmente durante el primer año.

   A continuación, debe averiguar cuáles son las tasas de interés de sus tarjetas de crédito y luego compararlas con las tasas ofrecidas por otras compañías de tarjetas de crédito. Si usted paga el saldo total de su tarjeta todos los meses, la tasa de interés que obtenga en su tarjeta no importará mucho, sin embargo, si usted tiene un saldo continuo en esa tarjeta que no puede pagar completamente todos los meses, entonces su tasa de interés debe ser una consideración importante y debe comparar su tasa actual con las tasas ofrecidas por otras tarjetas. Hay muchos sitios en Internet que comparan las tasas de las tarjetas de crédito, y usted debe ser capaz de comparar fácilmente sus tasas con otras tasas con el simple clic. Una vez más, si su tasa de interés actual no es de su agrado, pero le gusta la compañía de su tarjeta de crédito, debería considerar llamar a la compañía de su tarjeta de crédito y pedirles que reduzcan su tasa a un nivel más competitivo. Sí, es posible que no se ajusten a su petición, pero lo peor que puede pasar es que digan "no". Entonces, si la tasa de su tarjeta no es competitiva, puede considerar cambiar de compañía de tarjetas de crédito.

Otra consideración con las tarjetas de crédito son los beneficios o recompensas que usted recibe con su tarjeta. ¿Su tarjeta ofrece un programa de devolución de dinero? Si es así, ¿cuál es el porcentaje de devolución de dinero y cómo se compara con otras tarjetas? ¿O tiene una tarjeta de recompensas de viaje? Si lo hace, asegúrese de que planea utilizar las millas de viaje que se están acumulando, antes de que expiren. He conocido gente que tiene tarjetas de crédito con recompensas de viaje que ya no son viajeros. Estas personas, estarían mejor adaptadas a una tarjeta de crédito que ofrezca recompensas que no sean millas de viaje. Algunas tarjetas de crédito ofrecen tarjetas de regalo como recompensa. Una vez más, usted debe comparar esas tarjetas con otras recompensas de devolución de dinero o de tarjetas de regalo para asegurarse de que su compañía de tarjetas de crédito sea competitiva. Si no es así, considere la posibilidad de cambiar a otra compañía de tarjetas de crédito.

2) **Programas de recompensas.** Otra manera de aumentar su poder de ganancia es inscribirse en programas de recompensas en lugares donde usted compra regularmente. Por ejemplo, mi cadena de supermercados tiene un programa de recompensas en el que recibo descuentos periódicos en los artículos que compro y descuentos regulares en las compras de gasolina en su estación de servicio. Cuando me inscribí en este programa, me inscribí en línea en menos de cinco minutos. No tengo que llevar una tarjeta de plástico en mi billetera; sólo les doy mi número de teléfono cada vez que hago una compra. En promedio, ahorro de 20 a 30 centavos por galón en su estación de servicio cada vez que reabastezco mi auto. De manera similar, compro suministros de oficina para mi pequeña empresa en Office Max, y también tienen un programa de recompensas en el que todo lo que tengo que hacer es darles mi número de teléfono cada vez que hago una compra. Este programa de recompensas acumula recompensas en efectivo que puedo usar para compras futuras.

Además, existen aplicaciones como Drop, que permiten a la gente obtener descuentos de sus cinco principales minoristas. Usted puede elegir sus minoristas favoritos y luego acumular puntos de recompensa con cada compra que haga de estos cinco minoristas. (Incluso Lyft y Uber están entre los negocios que puedes elegir entre tus cinco favoritos.) Los puntos de recompensa que usted acumula pueden ser eventualmente canjeados por tarjetas de regalo de los principales minoristas, incluyendo Amazon, Starbucks, Groupon, etc. Una vez más, el registro es simple y gratuito. Estará registrando a los minoristas a los que ya les ha comprado, por lo que es una propuesta que no puede perderse.

3) **Cuentas de Ahorro, Cuentas Corrientes.** La mayoría de las personas tienen cuentas corrientes y algunas personas tienen cuentas de ahorros. Con todas sus cuentas bancarias, le sugiero que verifique cuáles son sus tasas de interés para esas cuentas y luego las compare con las tasas que podría recibir de otros bancos. Una vez más, tenemos que entender que muchas personas eligen sus bancos por razones de conveniencia. Por lo tanto, si las tasas de interés de los bancos competidores son sólo ligeramente más altas que las de su banco, es posible que estas tasas más altas no merezcan un cambio. Sin embargo, si son sustancialmente más altos, entonces usted podría considerar un cambio o ponerse en contacto con su banco actual y preguntarles si tienen otros programas que puedan estar disponibles para usted para aumentar las tasas que usted está recibiendo. Tenga en cuenta que las tasas de interés de las cuentas corrientes rara vez son altas y que probablemente no se va a enriquecer tratando de negociar las tasas o cambiando de banco. Sin embargo, "un centavo ahorrado es un centavo ganado" y usted puede decidir si un cambio o negociación vale la pena.

Las tarifas que pagará de su banco son igual de importantes a la hora de considerar sus gastos bancarios. Como todos sabemos, los bancos son conocidos por sus comisiones, que son una fuente importante de ingresos, e incluso algunos bancos han sido acusados de estafar a los clientes con sus comisiones. Al evaluar su banco, le sugiero encarecidamente que analice las comisiones que cobran. Cada banco debería poder proporcionarle una lista de comisiones. Estas comisiones pueden incluso ser publicadas en el sitio web del banco. ¿Tiene su cuenta corriente una cuota mensual de mantenimiento? ¿Existe un saldo mínimo antes de que se apliquen los cargos? ¿Alguna vez ha tenido sobregiros? Si es así, ¿cuáles son sus cargos? Muchos bancos tienen programas de protección contra sobregiros que pueden ofrecerle. Muchas personas dan por sentado estos cargos bancarios cuando les correspondería revisarlos al menos una vez al año para asegurarse de que sean competitivos con los cargos y comisiones de otros bancos.

Aunque revisar, comprar o negociar las comisiones bancarias puede no ser la forma más emocionante de ganar dinero y puede que no lo haga millonario, es algo fácil que puede hacer en muy poco tiempo para ganar o ahorrar dinero mensualmente.

4) **Certificados de depósito.** Si tiene la suerte de tener suficiente dinero para mantener los certificados de depósito, le sugiero que "compre" las tasas de interés con los bancos antes de depositar los fondos o renovar los certificados. Como los certificados de depósito no requieren mucha atención, no es inusual que los titulares de certificados utilicen otros bancos además de sus bancos regulares. La conveniencia de los certificados de depósito no es un factor que lo sea para las cuentas corrientes, ya que básicamente usted deposita los fondos para sus certificados de depósito y

luego el dinero simplemente permanece en el banco durante el plazo del certificado. Por lo tanto, no dude en comprar tasas de interés con sus certificados de depósito.

5) **Alquile sus activos.** La mayoría de nosotros tenemos al menos algunos activos rentables de los que podríamos obtener ingresos pasivos. ¿Tienes un coche? ¿Un barco? ¿Una casa de vacaciones? ¿Un vehículo recreativo? ¿Un cobertizo vacío o una caseta de garaje? ¿Una habitación libre en tu casa? Todos estos activos podrían proporcionar algunas fuentes de ingresos pasivos.

    a) **Tu casa o tu habitación de invitados.** Si usted está dispuesto a alquilar su casa o incluso una habitación libre en su casa, usted puede hacer algo de dinero en efectivo. Airbnb y otros sitios similares proporcionan vías confiables para que usted alquile su casa. Tengo amigos en Minneapolis que alquilaron su casa para la semana del Super Bowl y, al hacerlo, ganaron suficiente dinero para pagar su hipoteca por un año entero. Ganaban cinco cifras por noche. Sí, tienen una casa bonita, pero esto le da una idea de cuánto dinero se puede recaudar en el alquiler de una casa o incluso una habitación extra.

    Ahora, es importante recordar que el Super Bowl atrae a más de 100.000 visitantes a la ciudad y no hay suficientes habitaciones de hotel para acomodar a todos los visitantes. Por lo tanto, el mercado está maduro para la cosecha durante ese tiempo. Compañías como Airbnb comprobarán los antecedentes de sus huéspedes y también cobrarán la tarifa de alquiler que usted ha solicitado. Por lo tanto, hay muy poco trabajo de su parte, excepto preparar la casa para los visitantes. Mis amigos que alquilaron su casa para el Super Bowl hicieron arreglos para quedarse con sus parientes durante la semana que alquilaron su casa.

Tengo otro grupo de amigos que también alquilaron su casa en un suburbio de Minneapolis para el evento de golf de la Ryder Cup, que es un evento de golf internacional que es extremadamente popular, casi tan popular como el Super Bowl. Asimismo, pudieron pagar un año entero de hipoteca alquilando su casa a la familia de uno de los golfistas profesionales que participaron en el evento. Una vez más, por lo que usted puede alquilar su casa dependerá de la calidad de su casa y la popularidad del evento en su área, pero hay dinero sustancial que se puede hacer en el alquiler de su casa a los visitantes, si están en su ciudad para un gran evento deportivo, un gran evento de conciertos, una gran convención política, etc. Otro amigo mío de Minnesota alquiló su apartamento a un miembro de los medios de comunicación que estaba asistiendo a la Convención Republicana en el cercano St. Paul. Una vez más, no había habitaciones de hotel disponibles y el apartamento de mi amigo estaba en una ruta de tren cercano con fácil acceso al centro de convenciones en St. Paul.

¿Tiene una casa de vacaciones que esté vacía la mayor parte del año? Tengo una casa en un lago aislado en el norte de Minnesota. Uso esa casa en el lago sólo unas cinco semanas al año. Con esto en mente, he comenzado a alquilar esta casa en el lago a las personas interesadas. Yo, por supuesto, reservo los períodos en los que voy a usar la casa del lago, pero la casa está abierta para alquilar en cualquier otro momento. Utilicé un servicio de terceros para gestionar mis reservas, mantener contacto con los huéspedes y hacer la limpieza antes de que lleguen y después de que se vayan. Mi participación en toda la actividad se centra en recibir el dinero que la empresa gestora recauda. (¡Sí, es un trabajo duro, pero alguien tiene que hacerlo!) He descubierto que es una empresa extremadamente rentable y he notado que tengo una sonrisa en la cara cada vez que deposito uno de los cheques de esta actividad.

En un nivel mucho más básico: Si tiene una o varias habitaciones libres en su casa que se utilizan principalmente como almacén, podría considerar alquilar esta habitación de forma temporal o continua. Si usted hace esto, obviamente debe asegurarse de hacer una verificación de antecedentes de su posible inquilino. No querrás dar acceso a su casa a un completo desconocido. Pero si usted puede encontrar una persona de confianza para alquilar su habitación extra, puede valer la pena el ingreso adicional que obtendrá de esta actividad de ingresos pasivos. Por ejemplo, tengo un miembro de mi familia que tiene una pequeña habitación extra en la casa de su familia. Limpiaron toda la basura de su habitación y se la alquilaron a un universitario que tenía una pasantía de verano en su ciudad. Como era un dormitorio pequeño y como su inquilino era un universitario con pocos recursos, los inquilinos no se enriquecieron con el alquiler del dormitorio extra. Sin embargo, ganaron algún ingreso extra que apreciaron y convencieron al universitario de que cortara el césped en los meses que estaba alquilando.

b) **Su barco o su vehículo recreativo.** En la misma línea, si usted es dueño de un bote o de un vehículo recreativo (RV), es probable que no esté usando el bote o RV en forma continua. De hecho, la mayoría de los propietarios de embarcaciones y vehículos recreativos utilizan esos artículos sólo un par de veces al año. Estos son activos caros que pueden convertirse en flujos de ingresos pasivos. Empresas como Boatsetter y GetMyBoat son páginas web en las que puede alquilar su barco. Compañías como RVShare y Outdoorsy están disponibles para el alquiler de vehículos recreativos de persona a persona. Si navega por esos sitios, tendrá una buena idea de cuánto puede alquilar su barco o vehículo recreativo. La tarifa de alquiler de su barco dependerá de una serie de factores, incluyendo el tamaño y la ubicación de este. La tarifa de alquiler de su vehículo recreativo dependerá de factores similares. No es inusual que el alquiler de un vehículo recreativo traiga un alquiler de $150 a $300 por día. Una vez más, las compañías que están en este negocio de alquiler de barcos o de vehículos recreativos a menudo proporcionan el seguro del barco o del vehículo. Al mismo tiempo, se hará una verificación de antecedentes de los posibles inquilinos y se cobrará la cuota de alquiler. Entonces ellos tomarán su parte de la acción y le pagarán la cantidad restante.

c) **Tu auto.** Un auto en promedio permanece inactivo durante 22 horas al día. Muchas familias tienen más de un auto. Los coches son otro activo que puede utilizar para obtener ingresos pasivos. Compañías como Turo y Getaround ofrecen plataformas de alquiler de coches persona a persona. Estas compañías le permiten establecer el precio de alquiler de su vehículo y, lo que es más importante, se encargan de la investigación para las personas que quieren alquilar su coche y también se encargan del seguro para estos alquileres.

Otra manera de utilizar su coche como fuente de ingresos es convertirse en un conductor en su tiempo libre. La mayoría de ustedes están familiarizados con empresas tan conocidas como Uber o Lyft. Con estas compañías, es un proceso relativamente simple para ser aceptado como uno de sus conductores y le ofrecen la flexibilidad de conducir sólo cuando usted tiene el tiempo libre para conducir. Es una buena manera de ganar dinero extra. Tengo amigos que son conductores de Uber o Lyft en su tiempo libre y luego usan el dinero que ganan para hacer los pagos mensuales de su auto o los pagos de su seguro de auto.

Por último, si no eres quisquilloso con el aspecto de tu coche, puedes optar por convertirlo en una valla publicitaria móvil. Compañías como Wrapify le pagarán por usar su auto como una valla publicitaria móvil y por anunciar varios productos o servicios. El dinero que gane al hacer esto dependerá del lugar donde viva (se prefieren las áreas muy pobladas) y de cuántas millas maneje. Wrapify y otras compañías como ésta rastrearán su millaje y luego le pagarán por la distancia recorrida. No es raro que la gente gane $100 a la semana por sus carteles móviles.

Cinco herramientas ingeniosas de micro inversión

Admito que hasta hace un par de años, ni siquiera sabía lo que era la micro inversión. Para aquellos que no están familiarizados con el concepto, les daré una lección rápida sobre lo que es y cómo funciona. La micro inversión es una actividad en la que las personas pueden invertir pequeñas cantidades en acciones. La micro inversión casi siempre ocurre a través de plataformas o aplicaciones móviles. A diferencia de los modos tradicionales de inversión en acciones, la micro inversión no se limita a las personas que tienen mucho dinero. Las inversiones son a menudo muy mínimas, como el nombre micro indica, y los inversionistas pueden invertir con tan poco como $1 a $5 a la vez. La micro inversión está diseñada para eliminar los obstáculos tradicionales a la inversión por parte de los inversores principiantes, incluyendo los mínimos de corretaje.

Con la micro inversión, usted no tendrá que convertirse en un nerd de la bolsa de valores. De hecho, no necesitará saber nada sobre el mercado de valores. La mayoría de las aplicaciones de micro inversión seleccionarán carteras para usted, basándose en sus preferencias, y luego colocarán las pequeñas cantidades que está invirtiendo en esos fondos. Cuando usted empiece a utilizar una aplicación de micro inversión, le pedirán que rellene un cuestionario para que puedan determinar sus preferencias y, a continuación, orientar sus inversiones hacia sus preferencias.

Una cosa que realmente me gusta de muchas de las aplicaciones de micro inversión es que tienen medios automáticos para que usted pueda hacer sus pequeñas inversiones. Algunos de estos medios se describen a continuación en las descripciones de las aplicaciones individuales.

Aunque nadie diría que se convertirá en multimillonario con la micro inversión y nadie diría que se convertirá en el próximo Warren Buffett, la micro inversión es una buena manera de sumergirse en el mercado de valores sin tener que gastar o arriesgar mucho dinero. Usted podrá ganar o ahorrar pequeñas cantidades de dinero sin grandes desembolsos en efectivo y sin los mínimos y honorarios del corredor.

Como se puede imaginar, hay bastantes aplicaciones de micro inversión para elegir. Esbozaré algunas de estas aplicaciones a continuación, pero debes tener en cuenta que siempre hay nuevas aplicaciones que puede querer investigar si está interesado en micro invertir.

1) **Acorns.** Esta es una de las aplicaciones más populares, ya que le permite invertir cantidades muy pequeñas redondeando automáticamente los cargos de su tarjeta de débito y crédito a la cantidad más alta en dólares más cercana y luego invierte esta pequeña cantidad extra (siempre menos de $1) para usted. Por ejemplo, si compro un cartucho de tóner para mi impresora y el costo de ese cartucho es de $24.39, Acorns redondeará el cargo a $25 y agregará el cambio de 61 centavos a mi cuenta de inversión. Si por cualquier razón, no desea que estas cantidades se inviertan automáticamente, puede seleccionar manualmente para qué cargos se pueden invertir estas pequeñas cantidades adicionales. Lo que me gusta que este sitio redondee automáticamente mis cargos a la siguiente cantidad más alta de dólares es que considero que estas pequeñas cantidades son cambio de bolsillo que tendrá muy poco impacto en mi cuenta bancaria y que nunca voy a perder. Pero con todos los cargos de débito y crédito que hago, esas pequeñas cantidades se suman y logran una cuenta de inversión decente durante un período de tiempo.

Para darle una idea de la cantidad de dinero que puedo ahorrar e invertir con la aplicación Acorns, he estado ahorrando e invirtiendo un promedio de más de $40 al mes. Es cierto que utilizo mis tarjetas de débito y crédito con bastante frecuencia, porque las utilizo para compras personales y para mis compras en pequeñas empresas (y rara vez pago en efectivo por los artículos que compro), pero esto te dará una idea de lo que puedes esperar ganar con la aplicación Acorns. Proyecto que mis ahorros/inversiones anuales ascenderán a un total de entre $450 y $500 anuales. No, eso no me pondrá en la misma categoría de impuestos que el fundador de Amazon, Jeff Bezos, pero $500 tampoco es un cambio insignificante, al menos para mí.

Acorns cobra $1 al mes por sus servicios, dinero que fácilmente recupero de mis inversiones. Como se mencionó anteriormente, le harán algunas preguntas cuando se registre con ellos y usarán la información que usted les proporcione para crear un perfil financiero para usted. A continuación, crearán su cartera de inversiones, que puede variar de conservadora a agresiva, dependiendo de la información que usted les proporcione en su cuestionario.

2) **Stash.** Stash es un poco diferente a Acorns, ya que es un poco más práctico para los inversores. Con esta aplicación, en lugar de añadir cargos a su tarjeta de débito y crédito, Stash está configurado para que pueda retirar una cantidad específica de tu cuenta bancaria cada semana o cada mes. Al igual que Acorns, Stash le hará una serie de preguntas en un esfuerzo por determinar si deben dirigirlo hacia inversiones conservadoras, moderadas o agresivas. Una vez que lo hayan determinado, le proporcionarán un conjunto de carteras sencillas en las que podrá elegir invertir. Una vez más, no tendrá que ser un experto en acciones para determinar en qué acciones va a invertir, pero al menos tendrá que elegir una preferencia, algo que no tendrá que hacer con Acorns. Stash tiene un cargo mensual de $1 y requieren que usted haya acumulado un mínimo de $5 antes de que pueda comenzar a invertir.

3) **Rize.** Rize es una aplicación de ahorro e inversión orientada a objetivos. El componente de ahorro de esta aplicación está diseñado para ayudarle a ahorrar las cantidades de dinero que desea para pagar por las cosas que desea. Por ejemplo, si desea obtener una tabla de surf nueva a un costo aproximado de $400, Rize le establecerá un programa de ahorros en el cual le asignará una cantidad específica de cada uno de sus pagos para esta compra. (Usted será quien especifique la cantidad que se deducirá de cada cheque de pago). Al mismo tiempo, les dice cuánto dinero necesitará para comprar una tabla de surf nueva, y también le dice cuándo le gustaría tener esta tabla de surf. Con esta aplicación, puede ajustar fácilmente su configuración en cualquier momento. Puede acelerar o desacelerar sus pagos, si es necesario. Rize cobra una comisión anual de gestión del 0,25% sobre sus inversiones. Algunos de estos cargos son compensados por el 1.6% de interés que pagan sobre su saldo.

4) **Robinhood.** La aplicación Robinhood es una aplicación para comprar y vender acciones en bolsas estadounidenses. La aplicación también se puede utilizar para comprar y vender ETFs (fondos cotizados en bolsa) y criptocurrency o criptomonedas. Este programa es bien conocido porque es gratuito y no cobra ninguna de las comisiones que normalmente se asocian con las transacciones de acciones. Sin comisiones, sin cargos por mantenimiento de cuenta, sin cargos por operaciones. Por otro lado, la aplicación Robinhood es una aplicación básica que no ofrece asesoramiento ni investigación sobre inversiones. Si estás interesado en comprar o vender acciones en esta aplicación, tendrás que pedir consejo en otro sitio.

5) **Betterment.** A diferencia de Robinhood, Betterment le permite no tener que preocuparse por sus inversiones. También le da acceso a asesores financieros que pueden ofrecerle asesoramiento sobre inversiones a través del sistema de mensajería de la aplicación. Betterment tiene dos niveles: El nivel Betterment Digital está disponible sin un mínimo de cuenta requerido. Betterment cobra el 0,25% de los activos de su Nivel Digital. La compañía también ofrece una versión premium al 0.40% de los activos con una inversión mínima de $100,000. Con Betterment Premium, la compañía ofrece acceso telefónico ilimitado a los miembros. Sé que Betterment Premium no será viable para la mayoría de nosotros aquí, pero el nivel de Betterment Digital es un buen negocio si usted está interesado en comprar y vender acciones y poder solicitar el asesoramiento de sus asesores financieros a lo largo del proceso.

Capítulo 2--Descubra el éxito de la autoedición

La autoedición es una de las formas más populares de obtener ingresos pasivos. Antes de decirte cómo descubrir el éxito de la autoedición, quiero asegurarme de que entiendes lo que es la autoedición. En la época antes del Internet, si querías escribir un libro y publicarlo, estabas totalmente a discreción de los editores tradicionales o tenías que pagar para que se imprimieran grandes cantidades de tu propio libro. Los autores que querían tener sus propios libros impresos, probablemente porque no podían venderlos a los editores, a menudo tenían que comprar hasta 5000 libros para conseguir un precio razonable.

En esos días, un amigo mío que eventualmente se convirtió en un autor de best-sellers del New York Times siempre había tenido el sueño de ser un autor. Después de terminar de escribir su primer libro, lo envió a 27 editoriales diferentes. Recibió 27 cartas de rechazo. Creía tan sinceramente en su libro y en su capacidad de escritura que decidió seguir el camino de la "prensa vanidosa" y hacer que su libro se imprimiera sin un editor. Tuvo que imprimir 5.000 libros en ese momento y, como estudiante recién egresado de la universidad y una persona que tenía un trabajo de camarero para pagar las cuentas, no tenía nada parecido al dinero que necesitaba para imprimir el mínimo de 5.000 libros. Era un gran vendedor y eventualmente consiguió los fondos necesarios a través de préstamos de algunos de sus clientes del bar.

Hizo imprimir los 5000 libros y luego cargó el maletero de su coche con cajas de sus libros y condujo de librería en librería en un esfuerzo por vender sus libros. Como mencioné antes, fue un gran vendedor y finalmente pudo vender todos sus 5000 libros de suspenso político a librerías e individuos. Poco después de reordenar su segundo lote de libros, recibió una llamada de un editor que había estado rastreando sus compras de libros de la "prensa de vanidad". Ese editor le pidió que enviara un manuscrito y poco después, le ofrecieron a mi amigo su primer contrato de un editor. Siguió con su carrera y escribió seis best-sellers del New York Times antes de que, desafortunadamente, muriera de cáncer a una edad temprana.

Le cuento esta historia de cómo eran las cosas antes para poder ilustrar cómo han cambiado las cosas desde el advenimiento de Internet y las impresoras digitales. Ahora puede escribir un libro, cargarlo en un sitio de autoedición en línea y vender libros digitales, libros impresos o audiolibros. Lo más impresionante es que puede comprar libros impresos en cantidades mínimas de uno. Sí, lo ha leído bien. Puede imprimir un libro a la vez. De hecho, con las impresoras digitales, su libro impreso no se imprimirá hasta que alguien lo solicite en línea. Entonces el impresor enviará el libro en cuestión de días, en lugar de las semanas o meses que se requieren para imprimir en los días anteriores a Internet.

Aunque hay bastantes pasos para escribir y autopublicar un libro, ahora el proceso es mucho más fácil que antes y se puede hacer de manera muy económica. En este capítulo del libro, le voy a decir cómo escribir y publicar sus propios libros. Publicar sus propios libros es una de las formas más populares de obtener ingresos pasivos.

Hay un montón de historias de éxito sobre personas que han hecho una fortuna a través de la auto publicación de sus propios libros.

Las estadísticas exactas sobre la industria del libro no siempre son fáciles de encontrar, pero tengo algunas estadísticas que le mostrarán el enorme mercado que es el mercado del libro. Según el NPD Group (National Purchase Diary), una conocida empresa estadounidense de estudios de mercado, en 2018 se vendieron más de 696 millones de libros impresos. Según Data Guy, una renombrada empresa analista de la industria del libro, se vendieron más de 781 millones de libros electrónicos desde abril de 2017 hasta septiembre de 2018, con un total de ventas de 4.020 millones de dólares. Esto debería darle una buena idea de en lo que se va a meter cuando decida autopublicar libros.

Antes de seguir adelante, probablemente debería definir libros electrónicos para aquellos de ustedes que no estén seguros de lo que abarca el término. El término eBook o audiolibros es la abreviatura de libro electrónico e incluye todos los libros que se pueden leer en dispositivos móviles como teléfonos celulares y tabletas, computadoras y dispositivos de libros electrónicos como Kindle y Nook.

Cuando publiques tus libros, vas a tener que decidir si quieres libros impresos, ebooks, audiolibros o todo lo anterior. Hoy es muy común que la gente publique versiones impresas y libros electrónicos del mismo libro. Los audiolibros no son tan populares, pero están aumentando rápidamente en popularidad y ofrecen otra forma para que usted pueda sacar su libro a la venta para las personas que prefieren escuchar los libros en lugar de leerlos.

Probablemente la historia de mayor éxito en la publicación electrónica es la historia del autor E.L. James y su serie de *50 sombras de rey*. Publicó su primer libro de esa serie en 2011 como eBook y como libro de bolsillo impreso bajo demanda. Sus libros han vendido más de un millón de copias, incluyendo libros que ahora se han convertido en películas.

Las historias de éxito de auto publicación son abundantes en Internet. Me tomaré el tiempo para contarle la historia de una mujer porque es una gran historia de éxito y le dará una idea de las posibilidades que la autoedición puede ofrecer. Hay que reconocer que muy pocas personas alcanzarán estos elevados niveles, pero es bueno soñar, ¿no es así? Amanda Hocking era una autora desconocida de Minnesota que no podía lograr ser publicada por una editorial tradicional. Ella trabajaba como cuidadora de un hogar de grupo para pagar las cuentas y luego escribía novelas paranormales en su tiempo libre. Eventualmente, había escrito 17 libros y tenía un montón de cartas de rechazo de editoriales y agentes, que o no creían en su talento o no creían que habría mucho interés en el género. Finalmente, en 2010, frustrada por los editores y agentes que la seguían rechazando, Amanda decidió ver si podía vender sus libros en Kindle de Amazon. Ella misma publicó su novela de vampiros, *Mi Sangre Aprueba,* en el sitio de Amazon. Pronto empezó a vender nueve libros a la semana en el sitio. No hubo grandes sacudidas, por supuesto, pero al menos hubo algo de interés, suficiente interés para que se autopublicará tres libros adicionales en la serie en el sitio. No pasó mucho tiempo desde la publicación de esos tres libros adicionales hasta que la serie despegó. Obviamente, se corrió la voz y desde abril de 2010 hasta marzo de 2011, vendió más de un millón de copias de nueve libros diferentes y ganó 2 millones de dólares en ventas por esos libros. En un momento dado, ella vendía un promedio de 9000 libros al día. Su estrategia de ventas fue brillante. Vendió los primeros libros de su serie a sólo 99 centavos en un intento de enganchar a sus lectores con la serie. Los libros subsiguientes de la serie se vendieron por $2.99. Algunas de las editoriales convencionales se burlaron de la idea de vender un libro por sólo 99 centavos, pero Amanda Hocking vendió un volumen tan enorme de libros que sus ventas pronto dejaron de lado esas críticas. Amanda Hocking es un ejemplo del potencial de la autoedición.

Ahora que ya tenemos algo de información general y algunas historias de éxito fuera del camino, vamos a entrar en lo esencial de cómo escribir y publicar un libro.

Cómo escribir un libro. Su camino hacia la obtención de grandes beneficios en la autoedición

Encuentra un tema. Antes de que puedas escribir un libro, va a tener que seleccionar un subtema o un tema. Le sugiero que empieces con un proyecto que le interese. Si puede encontrar un tema en el que esté interesado o apasionado, encontrará que disfrutará mucho más escribiendo el libro. También se dará cuenta que escribir un libro sobre algo que conoce o en lo que está interesado requerirá mucha menos investigación.

Si usted no tiene un tema o subtema en particular en mente y sólo quiere escribir un libro para obtener ingresos adicionales, le sugiero que primero examine sus áreas personales de experiencia o interés. Por ejemplo, tengo un amigo que es un ávido ciclista. Hace unos años, me estaba contando cómo había andado en todos los senderos para bicicletas en el estado de Minnesota. Me estaba diciendo qué senderos le gustaban realmente, y qué senderos le gustaban menos. Incluso me contó todo sobre las heladerías o los cafés en los que se detendría mientras recorría estos senderos. Muchos de los senderos pasaban por pequeños pueblos que tenían cosas interesantes que ver o lugares preciosos escondidos, como tiendas de antigüedades, restaurantes, panaderías o tiendas de dulces.

Mientras me transmitía toda esta información, finalmente le dije: "Sabes, deberías escribir un libro sobre eso. Eres una fuente de información sobre las ciclovías en Minnesota y creo que la gente estaría dispuesta a pagar por esa información". Le sorprendió mi idea y la ignoró diciendo: "Yo nunca podría hacer eso". No soy un autor."

No dejé morir el tema y le ofrecí ayudarlo a autopublicar su libro si estaba dispuesto a reunir toda la información. Y me alegra decir que publicó un libro sobre senderos para bicicletas en Minnesota. Aunque este libro no lo ha hecho millonario, disfrutó haciéndolo, está orgulloso de haberlo hecho y ahora recibe cheques mensuales de regalías por las ventas de su libro. De hecho, ahora utiliza sus ventas de libros para costear sus viajes en bicicleta de fin de semana.

Así que la moraleja de la historia para aquellos que quieren escribir libros para ganar algún ingreso extra: Le sugiero que empiece con un área en la que esté bien informado o sea apasionado y luego determine cómo transmitir esa información en un libro. Tengo un amigo que ha entrenado deportes juveniles durante gran parte de su vida adulta. También es padre de dos niños que aman los deportes. Ha escrito un libro para adultos sobre cómo entrenar a sus hijos. Otro amigo mío ha sido partera durante más de 20 años. Escribió un libro dirigido a mujeres embarazadas. Habló de los beneficios de usar una partera y de si los padres que esperan un hijo deben usar una partera o un médico. Tanto el padre-entrenador como la partera transmiten información valiosa en sus libros y han obtenido ingresos mensuales suplementarios de las ventas de esos libros.

Al determinar un tema para su libro o libros, no se desanime si ya hay varios libros disponibles sobre el tema que está considerando.

Esto podría ser algo positivo en lugar de ser algo negativo. Por ejemplo, si quiere escribir un libro sobre nutrición, notará rápidamente que no será la primera persona en hacerlo. Hay miles de libros sobre nutrición. Esto no debe desanimarlo, ya que demuestra que definitivamente hay un interés en el tema. Si puede aportar una perspectiva única a cualquier tema, tendrá la oportunidad de tener éxito en la venta de su libro.

Desarrollar un título de trabajo. Anote las ideas para el título de su libro a medida que se le ocurran. Este llamado título será simplemente un título de trabajo, y usted podrá cambiarlo en cualquier momento antes de que el libro sea publicado. Pero su título de trabajo servirá como un recordatorio constante del tema de su libro. Si usted está escribiendo un libro de autoayuda, seguramente querrá encontrar un título que atraiga al lector a comprar y leer el libro. Títulos como "Cómo perder 10 libras en 10 días" y "Cómo entrenar a su nuevo cachorro" permitirán a los posibles compradores y lectores determinar inmediatamente si tienen más interés en su libro.

Desarrolle un Esquema. Al escribir un libro, va a ser importante para usted establecer algún tipo de organización con el contenido de ese libro. Con esto en mente, necesitarás desarrollar un bosquejo del contenido de ese libro, posiblemente incluso un bosquejo de capítulo por capítulo al que pueda adherirse al escribir el libro.

Seleccione una plantilla para su libro. A muchos autores de novelas les resulta más fácil utilizar una plantilla para escribir sus libros. Hay varios sitios en Internet que ofrecen plantillas de libros gratis, incluyendo hubspot.com. En algunos casos, dispondrá de varias plantillas diferentes entre las que podrá elegir. Estas plantillas le ayudarán a mantenerse organizado durante todo el proceso de escribir su libro. A medida que se vaya haciendo más hábil o experimentado en la escritura de libros, probablemente no necesitará una plantilla. Sin embargo, es una herramienta valiosa para los principiantes.

Escribe el libro. Después de haber hecho todo lo anterior, es hora de entrar en la esencia de escribir el libro en sí. Esto, junto con cualquier investigación que pueda ser necesaria, será probablemente el elemento que más tiempo consuma en la elaboración de un libro. Los autores más experimentados fijarán una hora designada para escribir sus libros, por ejemplo, 2 horas al día, 15 horas a la semana, etc. También determinarán a qué hora del día es mejor que escriban, por ejemplo, temprano en la mañana, tarde en la noche después de que los niños se hayan acostado, etc.

¿Qué pasa si no eres un buen escritor o si tienes información valiosa o una gran historia que impartir a otros, pero no sabes cómo ponerla en papel? Si este es el caso, probablemente tendrás que contratar a alguien para que escriba tu libro por ti. Los escritores fantasmas están disponibles en muchos sitios, incluyendo Upwork.com. Si vas a contratar a un profesional independiente para que escriba tu libro o tu historia, te animo a que recuerdes que sólo podrán ser tan buenos como la información que les proporciones. He escrito muchos libros y he recopilado la información de varias maneras, incluyendo un bosquejo escrito de la persona que quiere que el libro sea escrito, una colección de blogs de la misma persona, una entrevista telefónica semanal grabada en cinta de una o dos horas o una entrevista por Skype, etc. De cualquier manera, usted tendrá que averiguar cómo hacer llegar la información necesaria al trabajador independiente. Si está contratando a un trabajador independiente con el que no ha trabajado antes, le animo a que solicite muestras de sus escritos para que pueda revisar la calidad y el estilo de estos y asegurarse de que cumplen con sus expectativas. En la misma línea, al trabajar con un trabajador independiente, le sugiero que les pida que escriban el primer capítulo de su libro por un precio simbólico y que luego procedan con el resto del libro después de haberse asegurado de que está en el camino correcto. Este ejemplo de capítulo le beneficiará tanto a usted como al trabajador independiente, ya que querrá asegurarse de que están "en la misma página" antes de llegar demasiado lejos en el proyecto.

Agregar ilustraciones, gráficos, fotos. Después de que haya escrito el libro, debe determinar si la adición de ilustraciones, gráficos o fotos añadirá valor al libro. Como ejemplo, acabo de terminar de escribir un libro que cuenta la verdadera historia de un ex oficial de la marina estadounidense que fue prisionero de guerra japonés en las Filipinas en la Segunda Guerra Mundial. Aunque la historia en sí era increíble, sabía que añadir fotos al libro añadiría valor al libro, ya que sabía que los lectores querrían ver al hombre cuya historia contábamos. Y aunque estas fotos eran viejas en blanco y negro y no estaban en perfecto estado, añadieron valor al libro y optamos por incluirlas. Un amigo mío completó recientemente un libro de recetas de pasteles. Obviamente, las fotos de los pasteles añaden mucho al valor del libro, ya que la gente que compra libros de recetas está acostumbrada a las fotos de los artículos de las recetas. Esta amiga tenía un presupuesto limitado para producir este libro de recetas, así que optó por tomar fotos de los diferentes pasteles con su teléfono celular en lugar de pagar a un fotógrafo profesional para que lo hiciera.

Diseño de portada. Ya sea que esté produciendo un libro impreso o un libro electrónico, debe saber que la portada probablemente será un factor extremadamente importante en las ventas del libro. Si alguna vez ha hojeado libros en una librería o en la biblioteca, sabrá que la portada o la cubierta de un libro puede influir sin duda alguna en el hecho de que compre ese libro o seleccione ese libro para leer. La portada es muy importante. Con esto en mente, usted querrá crear una portada atractiva para su libro. A menos que seas diseñador (la mayoría de nosotros no lo somos), va a tener que contratar a un freelance para que diseñe su portada. Tenga en cuenta que hay muchos artistas gráficos que se especializan en el diseño de portadas de libros. Anteriormente he utilizado el sitio fiverr.com para contratar a freelancers para mis diseños de portada. Siempre he podido contratar a alguien por menos de $100 para hacer eso y he podido conseguir algunos diseños geniales. Una vez más, con estos trabajadores independientes, su éxito puede depender de las instrucciones que usted les dé. En el sitio de Fiverr, tendrá muchos trabajadores independientes entre los que elegir. Al trabajar con ellos, tienes que decirles el tamaño del libro que quieres producir, si quieres una portada diseñada para un libro impreso, un eBook o ambos, y también tendrás que proporcionar la copia que quieras en la portada del libro, incluyendo el título y una breve descripción del libro.

Al trabajar con trabajadores independientes para diseñar portadas, casi siempre he optado por darles una foto o ilustración que quiero que usen en la portada. Hay una serie de sitios de fotos de stock en Internet que ofrecen grandes selecciones y excelentes motores de búsqueda para que usted pueda encontrar fotos o ilustraciones que puede utilizar en las portadas de sus libros. Anteriormente he utilizado istockphoto.com para mis necesidades de fotografía e ilustración. En este sitio, generalmente he podido comprar una fotografía por menos de $35 para usarla en las portadas de mis libros. Estas son fotografías sin licencia en las que los fotógrafos o ilustradores publican fotos o ilustraciones en el sitio que están disponibles para su compra de forma continua. Los fotógrafos o ilustradores obtienen un parte del dinero cada vez que un cliente compra su foto o ilustración.

Formato. Ya sea que desee un libro impreso, un eBook, o ambos, su libro va a tener que ser formateado para que pueda ser cargado correctamente en los sitios que imprimirán o venderán su libro. Si tiene tiempo, puede aprender a formatear usted mismo a través de tutoriales en Internet. Si no tiene tiempo (la mayoría de la gente no lo tiene), siempre puede contratar a un trabajador independiente para que lo haga por ti. Una vez más, fiverr.com ofrece una amplia selección de freelancers que le darán formato a su libro a precios anunciados de $15 a $100. Al contratar a un trabajador independiente para dar formato a su libro, tendrá que darles de nuevo el tamaño del libro si va a tener un libro impreso. También tendrá que decirles a quién planea usar para imprimir o vender sus libros. Al trabajar con freelancers en algunos sitios como el sitio de Fiverr, por favor recuerde que estos freelancers son de alrededor del mundo y puede haber diferencias de tiempo o de idioma. Con muchos de estos trabajadores independientes, el inglés es un segundo idioma, pero la mayoría de ellos son bastante competentes en él. Y la mayoría de ellos han realizado numerosos proyectos de diseño de portadas o de formato, por lo que es probable que sepan exactamente lo que necesitará enviar a varias plataformas de autoedición.

ISBN. Si va a tener un libro impreso, necesitará un ISBN. ISBN se refiere a International Standard Book Number (Número Estándar Internacional de Libros) y es un número de 13 dígitos utilizado por editoriales, librerías y bibliotecas para identificar libros. Los números ISBN no son necesarios para los libros electrónicos. Comprar un ISBN es un proceso simple y hay varios vendedores de ISBN en Internet. Usé isbnservices.com y pagué $18.99 por mi ISBN más reciente. Ese ISBN incluye un código de barras que puede ser usado para ser escaneado por librerías y bibliotecas.

Determinación del precio de venta. Como autor autopublicado, usted puede fijar su propio precio de venta. (Si estuvieras usando un editor tradicional, ellos dictarían a qué precio vendes.) Al determinar el precio de venta, siempre instruyo a los autores para que suban sus libros a plataformas de publicaciones como Amazon y averigüen en cuánto se venden los libros de su género. Una vez que haya determinado eso, debe conformarse con un precio de venta que se encuentre dentro de ese rango. Si usted está ofreciendo una versión impresa del libro, su precio de venta debe estar impreso en la contraportada de su libro dentro del área de ISBN y código de barras. Al determinar el precio de un libro impreso, recuerde que debe seleccionar el precio más alto posible al que vendería el libro y, a continuación, tenga en cuenta que podrá descontar ese libro si lo considera oportuno. Por ejemplo, escribí unas memorias de 250 páginas para las cuales decidí que el precio máximo de venta sería de $16. Fijé este precio no sólo porque era comparable a los precios de otras memorias, sino porque quería que mis lectores que pidieron una copia impresa a Amazon pudieran gastar $20 o menos, incluyendo el envío. Luego hice algunas apariciones personales en clubes de lectura, bibliotecas y librerías y, en el caso de los clubes de lectura y bibliotecas, pude rebajar el precio del libro a 12 o 14 dólares si lo compraban en el acto. Esto fue atractivo para los futuros lectores, ya que a todos les gusta un descuento y no tendrían que pagar por el envío como lo harían si hicieran su pedido en una fuente de Internet. En ese momento (hace unos años), estaba pagando entre 3 y 4 dólares por libro y comprando entre 25 y 50 libros a la vez para mis presentaciones, por lo que se puede ver que mi margen de beneficio seguía siendo muy bueno, incluso cuando rebaje el precio del libro el libro.

El precio de los libros electrónicos es ligeramente diferente y los precios suelen ser sustancialmente menores porque no hay impresión o materiales involucrados. La mayoría de los eBooks se venden entre $2.99 y $9.99. Si utiliza la plataforma Amazon Kindle Direct Publishing (KDP) para vender su libro, puede esperar regalías del 70% sobre cualquier libro que se venda dentro de ese rango de precios de entre 2,99 y 9,99 dólares. Cualquier libro que caiga fuera de ese rango de precio, más alto o bajo, sus regalías disminuirán al 35%. Como puede ver por esos números, Amazon realmente prefiere que usted venda sus eBooks en su plataforma por $2.99-$9.99. Y los eBooks son diferentes de los libros impresos en el sentido que no se pueden renegociar el precio cuando se considere oportuno. En su mayor parte, el precio de venta que usted establece es el precio al que usted venderá el libro. Dicho esto, debe tener en cuenta que KDP ofrece a los posibles lectores la oportunidad de probar un capítulo gratuito para ver si quieren comprar el libro. También ofrecen un programa de regalos en el cual usted puede ofrecer su libro gratis cuando el libro es puesto a la venta por primera vez, en un intento de crear interés por el libro. Muchos autores han utilizado esta oferta gratuita para promocionar con éxito su libro y crear ventas posteriores a partir del interés que crean.

En la determinación del precio de los libros electrónicos, el género del libro será muy importante en la determinación del precio. Por ejemplo, si se trata de un libro romántico para el que se espera un consumo masivo, entonces notará que la mayoría de estas novelas románticas se venden en el extremo inferior del espectro de precios. Por otro lado, si usted tiene un libro histórico como el que mencioné sobre el oficial de la marina estadounidense que fue prisionero de guerra japonés, probablemente pueda obtener más dinero por ese libro, ya que no es una ficción que está destinada al consumo masivo y que atraerá sobre todo a los veteranos de guerra y a los aficionados a la historia.

Sube tu libro. Ahora las cosas empiezan a ponerse emocionantes. Está listo para la emoción. Su libro está terminado y es hora de subirlo a la plataforma o plataformas en las que pretende venderlo. Hay muchas plataformas disponibles para que las use en la venta de su libro. Esbozaré algunos de ellos aquí para su conveniencia, pero por favor recuerde que hay opciones adicionales disponibles para usted.

1) **Amazon/Kindle.** Es la plataforma más conocida para la venta de libros autoeditados. Más de dos tercios de todas las compras de libros electrónicos se realizan a través de Kindle Direct Publishing (KDP) de Amazon, la plataforma que mencioné en la sección inmediatamente anterior a ésta. Si realmente quiere vender su libro como una fuente de ingresos pasiva, la plataforma Kindle de Amazon debería estar en la parte superior de su lista o cerca de ella. Una de las cosas que hacen que la plataforma KDP sea tan popular es que sus posibles lectores pueden obtener la aplicación Kindle para su computadora, tableta o teléfono. Esto significa que será fácil para ellos comprar y leer su libro. Amazon también tiene una asociación con Audible que le permitirá convertir fácilmente su libro a un formato de audio y vender libros adicionales. Voy a entrar en más detalles sobre los audiolibros en los párrafos que siguen. Por lo tanto, una de las grandes ventajas de usar la plataforma Amazon para vender su libro es que es la plataforma más popular para comprar y vender libros. Además, le ofrece la oportunidad de publicar versiones digitales, impresas y en audio de su libro en una sola plataforma.

2) **Nook.** Barnes & Noble es un gran minorista de libros y su dispositivo de lectura electrónica se llama Nook. The Nook es responsable de aproximadamente una cuarta parte de todas las lecturas electrónicas, por lo que esta es otra plataforma que deberías tener muy en cuenta para cualquier libro que quiera vender. Las regalías con la plataforma Nook son muy similares a los de Amazon/Kindle. Las regalías son el 65% del precio de lista para cualquier libro vendido entre $2.99 y $9.99; 40% para libros vendidos fuera de ese rango.

3) **iBooks.** Publicar su libro en iBooks te permitirá venderlo en la Apple iBookstore. Esto significa que tu libro puede estar disponible para cualquiera que tenga un iPhone, un IPad, o un Mac, todos los dispositivos de Apple.

4) **Otros.** He descrito las tres plataformas principales arriba, pero debes saber que también hay otras plataformas disponibles para que las utilices en la venta de su libro. Aunque no voy a entrar en detalles con esas otras opciones aquí, me gustaría al menos mencionar algunas de ellas, para que pueda investigar usted mismo si tiene más interés. Las plataformas como Smashwords, Kobo y Scribd también son plataformas muy viables para vender libros. Puede que no ofrezcan los grandes números que ofrecen las "tres grandes" plataformas, pero aun así ofrecen la oportunidad de vender más libros y ganar más dinero.

Comercialización de su libro. Consejos para maximizar los beneficios de su libro

Comercialización de su libro. El hecho de que haya terminado de escribir su libro y lo haya puesto a la venta en varias plataformas no significa que haya terminado. La comercialización de su libro es uno de los factores más importantes para ganar dinero. Hace algunos años, un amigo mío organizó una fiesta de fin de año para sus amigos y compañeros de trabajo. Compró grandes cantidades de comida y bebidas para su fiesta, suponiendo que sería la fiesta del año. Cuando el reloj marcó la medianoche y llegó el año nuevo, me preguntó cuál era la razón por la que sólo había menos de una docena de personas en su fiesta. "No estoy seguro", respondí. "¿Le dijiste a la gente que ibas a hacer la fiesta?" Mi amigo respondió que había estado tan ocupado haciendo planes para la fiesta que no había tenido la oportunidad de contarle a mucha gente sobre la fiesta. Como él mismo dijo, "Pensé que la palabra se correría".

Bueno, lo mismo pasa con su libro. Ahora que has invertido tiempo y dinero para escribir su libro, es el momento de decirle a la gente que está disponible. No puede esperar que la gente compre su libro si ni siquiera saben que existe.

Con esto en mente, tengo algunos consejos para que comercialice su libro y lo venda. Si quiere maximizar el dinero extra que gana con su libro, tendrá que comercializarlo. Y si puede comercializarlo con éxito, es posible que pueda cosechar beneficios financieros de él durante bastante tiempo.

Aquí hay algunas formas sencillas y económicas de comercializar su libro:

1) **Medios de comunicación social.** La mayoría de nosotros ya tenemos presencia en los medios sociales. Los medios

sociales le ofrecen una gran oportunidad para correr la voz sobre su nuevo libro. Los autores han utilizado plataformas de medios sociales como Facebook, Instagram, Twitter, Tumblr, Reddit y Pinterest para promocionar sus nuevos libros. En muchos casos, ofrecerían una muestra gratuita para los lectores en un esfuerzo por conseguir que se interesen en comprar el libro. Además, tenga en cuenta que no debe utilizar estas plataformas una sola vez para promocionar su libro. He usado esas plataformas varias veces, para anunciar que el libro está disponible, para publicar críticas positivas que recibo de él, para recordar a la gente que tu libro sería un gran regalo para las fiestas, etc.

2) **Blogs, sitios web.** ¿Tiene un blog o un sitio web que puede utilizar para dirigir a los visitantes a las plataformas donde pueden comprar su libro? Si es así, debe asegurarse de utilizar estas plataformas para promocionar su libro. Si no es así, es posible que desee considerar la posibilidad de crear un blog para promocionar su nuevo libro y cualquier otro libro en el futuro.

3) **Emails, Mensajes.** También he utilizado correos electrónicos y mensajes masivos para anunciar la disponibilidad de mis libros. A lo largo de los años, he acumulado una importante libreta de direcciones. Todas estas personas son clientes potenciales. Así que, siempre que tengo un nuevo libro disponible, envió un correo electrónico masivo a mis contactos, incluyendo un folleto

de ventas que muestra la portada del libro junto con una breve descripción del libro y dónde pueden comprarlo.

4) **Marcadores, postales.** Además, cada vez que tengo un libro nuevo, imprimo algunos marcadores y postales que puedo entregar a las personas que conozco en persona. En realidad, no envío muchas de las postales, pero me gusta repartirlas a las personas que conozco. Me gusta el tamaño de las postales porque pueden contener más información que los marcadores más pequeños. Los marcadores y las postales son formas baratas de promocionar su libro. Creo que pagué $25 más gastos de envío por 500 marcadores y $30 más gastos de envío por 500 postales de una fuente en línea. Utilizo estos artículos casi como tarjetas de presentación, repartiéndolas fácilmente a casi todas las personas que conozco.

Consejos para publicar libros de audio

El mercado de audiolibros es otra plataforma para que usted la utilice para mejorar sus ventas de libros publicados por usted mismo. Aunque el mercado de audiolibros no es tan grande como el mercado de libros impresos o libros electrónicos, es un mercado floreciente que merece su consideración. En una época en la que los podcasts y las aplicaciones de radio son populares, es importante tener en cuenta que algunas personas prefieren ver o escuchar las cosas en lugar de leerlas. Ya sea que estén conduciendo un automóvil, haciendo ejercicio en el gimnasio o tumbados en la playa, a algunas personas les gusta escuchar audiolibros. Y, por supuesto, hay otras personas a las que no les gusta leer y prefieren los métodos audiovisuales.

Soy de la creencia de que usted debe esperar a ver qué tan exitosos son sus libros impresos o eBooks antes de decidir publicarlos como audiolibros. La razón por la que digo esto es por el tiempo y el gasto extras que implica. Antes de invertir más tiempo o dinero en su libro, primero debe determinar si tiene éxito en formato impreso o eBook. Si es así, definitivamente debería publicar su libro en formato de audio. Si no lo hace, estarás dejando dinero en la mesa que podría estar ganando, usando un formato de audio.

Audiobook Creation Exchange (ACX) es la plataforma más popular para audiolibros. Si añade su audiolibro a ACX, estará disponible para su venta en Amazon, Audible y en la Apple Audio Store. Para aquellos que no están familiarizados con Audible, es un vendedor y productor de entretenimiento de audio hablado, información y programación educativa en Internet. Es uno de los mayores vendedores digitales de audiolibros.

Si publica su libro en ACX, ganará regalías del 20% al 40% de lo que sea su precio de venta.

Aquí encontrará información general rápida sobre la conversión de su libro de un formato impreso o digital a un formato de audio.

1) **Prepare su libro para audio.** Tendrá que editar sus libros impresos o digitales para que puedan ser utilizados como audiolibros. En otras palabras, elimine todo lo que no tenga sentido en un formato de audio, es decir, sin referencias a ilustraciones, fotos o gráficos; sin hipervínculos ni avisos de "haga clic aquí".

2) **Decida quién grabará su audio.** Si va a tener un audiolibro, va a tener que determinar quién grabará su libro ¿Querrá contratar a un narrador o querrá grabar el libro con su propia voz? Si usted tiene un libro educativo o memorias, es más probable que sea el narrador de su propio libro que de un libro de ficción en el que le sirvan mejor para usar a alguien con un conjunto de habilidades de actuación. En mi propia experiencia, siempre he contratado a un narrador, incluso para mis propias memorias. Lo he hecho por varias razones, pero sobre todo porque no tengo una gran voz de narrador. Mi garganta se seca muy rápidamente cuando hablo mucho, y estoy seguro de que me llevaría mucho tiempo narrar un libro lo que causaría que los oyentes se cansaran rápidamente de mi voz áspera. Además, tengo un entorno familiar relativamente ruidoso, incluyendo mucho ruido de la calle, y me temo que el ruido de fondo distraería demasiado al oyente. Había pensado anteriormente en alquilar un estudio de grabación para grabar mi libro, pero creo que el dinero que habría gastado en alquilar un estudio también se podría gastar en pagarle a un narrador.

3) **Contratación de un Narrador.** Contratar a un narrador puede no ser tan costoso como se podría pensar. Tengo un socio que contrata narradores con frecuencia y por lo general puede contratar a alguien por menos de $500. Me dice que hay dos sitios que recomendaría para contratar a un narrador independiente. Estos sitios son Upwork y Voices. ACX también tiene narradores que puedes contratar para su libro. Al contratar a cualquier narrador freelance, usted debe pedirles absolutamente que proporcionen muestras previas de su trabajo. Y, también puede pedirles que narren una

pequeña porción de su libro antes de contratarlos oficialmente. De esta manera, usted puede asegurarse de que encajan bien en su proyecto antes de que se adentre demasiado en el libro.

4) **Alquile un estudio de grabación; narrar su propio libro.** Si desea narrar su propio libro, y si el entorno de su casa u oficina es demasiado ruidoso para hacerlo, es posible que tenga que alquilar un estudio de grabación para utilizarlo en la narración de su libro. Tengo un amigo que me dice que esto puede ser un proceso de 10 a 20 horas, dependiendo de la longitud de su libro, así que puede que tenga que reservar el estudio para varios días. Una vez más, tenga en cuenta que el uso de su voz durante un período de tiempo tan largo puede afectar la calidad de su voz, por lo que es posible que tenga que alquilar el estudio en bloques más pequeños de tres o cuatro horas a la vez.

Si quieres aprender más sobre cómo crear un audiolibro, te sugiero que visites selfpublishingschool.com, donde Chandler Bolt tiene un extenso artículo sobre exactamente cómo publicar un audiolibro.

Seis pasos hacia la obtención de ingresos adicionales mediante la publicación de cursos en línea

Sería negligente si no discutiera cómo la publicación de cursos en línea puede crear fuentes de ingresos adicionales para usted. El mercado de cursos y aprendizaje en línea es cada vez más grande. La firma de investigación Global Market Insights proyecta que los cursos de aprendizaje en línea podrían alcanzar los 240.000 millones de dólares en 2023. Es un número astronómico.

Con esto en mente, le animo a que considere desarrollar cursos en línea para crear fuentes de ingresos pasivos adicionales para usted. Aquí hay algunos consejos sencillos para empezar a desarrollar un curso o cursos en línea:

1) **Encuentra un tema.** ¿En qué es un experto? ¿Tiene usted información que es valiosa para otros al punto de que otros estarán dispuestos a pagar para aprender esa información? O, incluso si no es un experto, ¿puede convertirse en un experto? Una de las principales historias de éxito de los cursos en línea es la de Purna Duggirala, un hombre de la India que se hace llamar Chandoo. Hace algunos años, Chandoo identifico la oportunidad de ganar dinero organizando cursos en línea. Se dio cuenta de que la gente no sabía cómo usar el programa de software de Excel, por lo que se le ocurrió una serie de cursos en los que enseñó a los suscriptores a ser excelentes o impresionantes en Excel. Hizo más de un millón de dólares en 2014 con ese concepto. Una vez más, todos sabemos que estas historias de éxito sólo muestran la gama alta que una persona puede ganar. Es poco probable que gane esa cantidad de dinero con sus cursos en línea. Pero de nuevo, no hay nada malo en soñar. Incluso si usted puede obtener un adicional de $500 a $1000 cada mes de su curso o cursos en línea, estoy seguro de que lo tomaría.

Al determinar un tema para sus cursos en línea, le sugiero que primero haga un inventario personal de sus propios conocimientos para ver si hay algo que pueda impartir a las personas que estarían dispuestas a pagar por su experiencia. ¿Es usted un experto en tecnología? ¿Puede enseñar a codificar o programar? ¿Habla varios idiomas? ¿Puede enseñar uno de esos idiomas a personas que planean visitar un país extranjero? Un amigo mío es originario de Filipinas. Además de hablar ahora un inglés impecable, habla con fluidez el visayano y el tagalo, dos idiomas que hablan muchos filipinos. Así que, con la capacidad de hablar estos idiomas, creó una serie de minicursos en línea en los que enseña a personas de habla inglesa que se están preparando para visitar las Filipinas cómo hablar esos idiomas nativos. Ella ha tenido mucho éxito en conseguir que la gente se suscriba a sus cursos y ha obtenido un buen ingreso suplementario de esos cursos.

Si no tiene ninguna área en la que se consideres un experto, siempre puede convertirse en un experto simplemente recogiendo la información que te apasiona e insertándola en un curso que esté disponible en línea para otros. Leí una historia sobre un hombre que no sabía nada de codificación, pero cuando terminó de leer varios libros sobre el tema, tomando algunos cursos en línea y tutoriales, sabía más que casi todas las personas que estaban interesadas en el mismo tema. Así que, aunque no había empezado como experto, se convirtió en un experto con información valiosa por la que la gente estaba dispuesta a pagar.

2) **Cree un esquema del curso.** Si va a crear un curso en línea, seguramente necesitará un esquema para ese curso. No sólo utilizará ese esquema para transmitir información a los suscriptores, sino que también lo utilizará para vender el curso a posibles suscriptores, que seguramente querrán saber lo que implica el curso antes de que se inscriban en él. Al configurar su curso, tenga en cuenta que la mayoría de los cursos en línea están limitados a un máximo de 20 minutos por sesión. Después de eso, los suscriptores comienzan a perder interés. Le sugiero encarecidamente que establezca

una serie de cursos de 15 a 20 minutos que puedan enseñar a la gente todo lo que quieren saber sobre cualquier tema que usted esté enseñando. Esto puede implicar desde sesiones de tres cursos hasta diez. De cualquier manera, limite sus sesiones a 20 minutos. Y recuerde, cada curso debe acercar a sus suscriptores a las metas y objetivos de su curso.

3) **Determine el precio de su curso.** Al determinar el precio de su curso en línea, tenga en cuenta que la duración del curso no debe ser el principal factor determinante. En primer lugar, usted debe investigar a cuánto sus competidores en el mismo tema están vendiendo sus cursos. Luego, usted debe ver cómo su experiencia cae dentro del espectro de aquellas personas que están ofreciendo cursos similares. Por ejemplo, si Bill Gates o Paul Allen ofrecieran un curso sobre cómo usar Windows, es seguro suponer que probablemente no podrá cobrar la misma cantidad por un curso similar. Digo esto de manera un tanto irónica, pero si usted es un neófito en el campo para el cual ofreces un curso en línea, probablemente no vas a poder cobrar tanto como un experto en el campo. Finalmente, al determinar el precio de su curso en línea, usted debe considerar cuánto valor le está dando al suscriptor del curso. Por ejemplo, si usted va a ofrecer un curso en línea que puede ser usado para ganar miles de dólares, usted debería poder cobrar mucho más por ese curso de lo que lo haría si ofreciera enseñar portugués a personas que están planeando visitar Brasil. O si su curso en línea está resolviendo un problema, un curso que resuelve un problema mayor obviamente debe tener un precio más alto que un curso que resuelve un problema menor. Use el sentido común para fijar su precio de venta, y no tenga

miedo de probar diferentes precios. Es su curso y deberías ser capaz de fijar el precio que quieras para ese curso, siempre y cuando la gente esté dispuesta a suscribirse.

Me gustaría mencionar otra cosa con respecto a los precios de los cursos en línea. Sí, podrá ganar dinero si puede <u>decirle a</u> la gente cómo hacer algo, pero podrá ganar aún más dinero si puede <u>mostrarles</u> cómo hacer algo. Y finalmente, podrá cobrar aún más si puede ofrecer apoyo para la información que está tratando de enseñar. Por ejemplo, si usted tiene un curso sobre cómo autopublicar un libro, ¿está disponible para contestar preguntas individuales que sus suscriptores puedan tener?

4) **Crear el contenido del curso.** Usando el esquema de su curso, usted debe crear el contenido del curso para cada uno de los segmentos de su lección. Dependiendo de sus preferencias personales, puede decidir si desea trabajar con un guion o no, pero definitivamente querrá trabajar con un esquema. Muchos de los cursos en línea más exitosos no funcionan a partir de un guion y son más informales y conversacionales, pero casi todos funcionan a partir de un esquema.

5) **Cree el curso.** El siguiente paso es crear el curso en sí mismo. A estas alturas, ya habrá decidido si su curso va a ser un curso escrito, un curso de audio o un curso de vídeo. Obviamente, los cursos en video son los más exitosos, porque a la gente le gusta ver las imágenes a medida que aprende. Si vas a hacer un curso de vídeo, no necesitarás contratar a un experto en vídeo para que filme o edite tus lecciones. Usted debe poder hacer esto en su teléfono, y debe saber que hay muchas herramientas y programas de

software fáciles de usar disponibles. Programas como Camtasia y Quicktime se encuentran entre los programas que se pueden utilizar para las grabaciones de pantalla.

Al crear su curso, debe recordar que no es realista esperar que la grabación del video de la lección tenga la sensación de una gran producción televisiva. El contenido de la lección será más importante que la presentación y sin duda mejorará en la producción de sus lecciones a medida que vaya adquiriendo más experiencia al hacerlo.

6) **Inicie su curso.** Hay una tonelada de diferentes plataformas disponibles para alojar sus cursos en línea. En lugar de intentar pasar por una multitud de estas plataformas, te diré cómo funciona una de las más populares para que te hagas una idea de lo que puedes esperar al publicar y vender los cursos en línea que desarrollas. Udemy.com es la plataforma de aprendizaje en línea más grande del mundo. Más de 30 millones de estudiantes han tomado cursos en Udemy; más de 50.000 instructores ofrecen más de 130.000 cursos en más de 60 idiomas. Esto te dará una idea del alcance de la plataforma Udemy. Cualquiera puede publicar un curso en Udemy. Si quieres cobrar una cuota a los estudiantes de Udemy, tendrás que rellenar una solicitud gratuita que normalmente se aprueba en un plazo de dos días. Por cada estudiante que consigas para tomar tu curso, recibirás el 97% del precio del curso. Udemy recibirá una comisión del 3%. Si Udemy asegura a los estudiantes para sus cursos a través de su propio marketing, ellos tomarán un 50% de comisión y el instructor recibirá el otro 50%. Como Udemy no cobra por hospedaje, la única forma de ganar dinero es vendiendo cursos. Udemy es ampliamente conocido como un buen punto de partida para los instructores principiantes en línea,

ya que ofrece una forma sencilla para que los instructores/vendedores ensamblen contenido como diapositivas de PowerPoint, documentos PDF y vídeos de YouTube en un curso coherente. La plataforma Udemy también ofrece una variedad de herramientas de marketing para ayudar a los vendedores a vender su curso.

Otras plataformas populares de cursos de aprendizaje en línea son Teachable, WizIQ, Thinkific y Ruzuka. Si desea profundizar en las diferentes plataformas de cursos en línea que están disponibles, le recomiendo que visite www.learningrevolution.net/sell-online-courses/, donde tienen un bonito artículo que describe 15 de las mejores plataformas de cursos de aprendizaje en línea.

Ya sea que esté publicando libros impresos, libros digitales, audiolibros o cursos de aprendizaje en línea, estos métodos de auto publicación le ofrecen algunas excelentes oportunidades para crear fuentes de ingresos pasivos que pueden hacerle ganar dinero durante largos períodos de tiempo después de haber hecho el trabajo inicial para desarrollar los materiales. Estos espacios de autoedición no son un ingreso 100% pasivo, ya que se requiere de un trabajo inicial. Sin embargo, una vez que haya publicado los materiales, podrá obtener ingresos adicionales durante largos períodos de tiempo -semanas, meses e incluso años- con muy poco trabajo adicional.

Capítulo 3--Blogging para grandes ganancias

Otra gran manera de crear ingresos pasivos adicionales será crear una serie de blogs. Todos estamos familiarizados con la multitud de blogs que aparecen en Internet, pero puede que no entiendas exactamente cómo los blogueros obtienen ingresos de sus blogs. Con este capítulo, voy a proporcionar algunos consejos sobre cómo puede iniciar un blog de éxito que le puede proporcionar ingresos adicionales. Como la mayoría de las fuentes de ingresos pasivos, iniciar un blog requerirá algo de tiempo y esfuerzo. Pero una vez que se ha creado, sus blogs pueden seguir proporcionando ingresos durante meses, semanas e incluso años.

La verdad sobre ganar a través de los blogs

Estoy seguro de que eres consciente de que hay millones de blogs en Internet. Cualquiera que haya utilizado Google o Bing puede atestiguar el hecho de que hay un blog en Internet para casi todos los temas imaginables. Algunos de esos blogs hacen dinero; otros no. Algunos de esos blogs tienen la intención de ganar dinero; otros no. Algunos de los blogs destinados a hacer dinero no lo hacen. Con este capítulo, nos concentraremos en los blogs que están destinados a hacer dinero y le daré algunos consejos y técnicas sobre cómo crear un blog y, a continuación, cómo monetizar ese blog.

Determine un nicho. Al iniciar un blog que le va a proporcionar ingresos adicionales, primero tendrá que encontrar un nicho para ese blog. Un nicho es un segmento de mercado o audiencia en particular. A menos que tu blog tenga un nicho específico o una audiencia objetivo, va a ser muy difícil para ti monetizarlo. Sí, hay bloggers en Internet que escriben sobre temas aleatorios o sobre cualquier cosa y todo. Pero la mayoría de esos bloggers no ganan dinero con sus blogs. Los bloggers que ganan dinero con sus blogs suelen tener temas o nichos específicos que utilizan para atraer visitantes a su sitio o resolver problemas específicos.

Al determinar un nicho para tu blog, debes recordar que la mayoría de las personas visitan los blogs para recopilar información o para resolver un problema específico. Si usted puede proporcionarles la información que están buscando en un paquete atractivo, entonces usted tendrá la oportunidad de tener un blog de éxito. Es importante tener en cuenta que, sea cual sea el nicho que elijas, es probable que ya existan blogs que ya estén dentro de ese nicho. No dejes que esto te desanime. Si usted puede transmitir información valiosa y puede transmitirla de una manera directa, entretenida y atractiva, tendrá la oportunidad de tener éxito con su blog.

Aquí hay ejemplos de algunos de los nichos de blog más populares:

--Cómo hacer dinero.

--Salud y buen estado físico.

--Estilo de vida.

--Comida.

--Finanzas personales.

--Belleza y Moda.

Al elegir un nicho para tu blog, le recomiendo que elija un tema o un área que le apasione. Si le apasiona algo, es mucho más probable que puedas escribir blogs sobre ese tema. Sus lectores serán capaces de sentir su pasión y usted será mucho menos propenso a abandonar su blog o serie de blogs porque se ha aburrido o ha perdido el interés en él.

Le daré un ejemplo. Tengo un amigo cercano que es un ávido fanático del béisbol. Su equipo favorito es el equipo de béisbol profesional de los Minnesota Twins. Mi amigo, que cuando lo conocí trabajaba en un trabajo diario, es tan aficionado al béisbol que pasa casi todo su tiempo libre pensando y hablando sobre el béisbol. Vive y respira béisbol. Un día, se dio cuenta de que podría ganar dinero con su pasatiempo favorito. Así pues, él comenzó un blog de béisbol de los Minnesota Twins en el cual él fijó los artículos que él escribió sobre su equipo preferido. Rápidamente descubrió que había muchos otros fanáticos de los Minnesota Twins que estaban desesperados por leer sobre su equipo todos los días y que querían una dosis diaria de información sobre los Twins, incluso durante la temporada baja. Así, lo que comenzó como un blog semanal, rápidamente se convirtió en un blog o post diario. Ahora tiene un grupo estable de contribuyentes regulares que contribuyen a su sitio web con el tema de los Minnesota Twins. Tiene un foro en el que los visitantes de su sitio o los lectores de su blog pueden comentar sobre diversos temas relacionados con los Twins El sitio ahora tiene podcasts semestrales en los que él y algunos de sus asociados hablan del equipo. Es un invitado en programas de radio y habla sobre los Minnesota Twins. En resumen, ha convertido su pasión y sus modestos blogs iniciales en un trabajo a tiempo completo. Está haciendo realmente lo que ama. Su sitio web Twins/blog spot ahora recibe tantos visitantes diarios que es fácilmente capaz de vender publicidad en el sitio a compañías que buscan alcanzar el mismo nicho de audiencia. Entre estos anunciantes se incluyen corredores de entradas, bares y restaurantes que se encuentran cerca del estadio Twins, agencias de viajes que coordinan las vacaciones de entrenamiento de primavera para ver a los Twins, etc. Es increíble pensar que todo esto comenzó con un blog básico y se ha convertido en un negocio rentable a gran escala.

Al revisar este ejemplo, es importante recordar que mi amigo seleccionó un nicho que le apasionaba, por el que no iba a perder el interés. Iba a pensar y hablar de béisbol tanto si tenía un blog como si no. Pero al lanzar su blog, rápidamente descubrió que mucha gente tiene la misma pasión que él, y fue capaz de monetizar esa pasión en un negocio rentable.

Si quiere determinar un posible nicho para su blog y no está muy seguro de cuál sería un buen nicho para usted, déjame sugerirle que te haga las siguientes preguntas: ¿Cuál es su pasatiempo favorito? ¿Cómo pasas la mayor parte de tu tiempo libre? ¿Hay algún tema o tema sobre el que usted podría seguir y seguir hablando si alguien está dispuesto a escuchar? ¿Cuáles fueron tus asignaturas favoritas en la escuela secundaria o en la universidad? ¿Sobre qué cosas le gusta leer, aprender o reunir información? Si usted fuera rico y no tuviera que trabajar para ganarse la vida, ¿qué actividades o pasatiempos elegiría para llenar su tiempo?

Escribe algunos blogs. Una vez que haya determinado su nicho, puedes empezar a escribir blogs. En lugar de escribir un solo blog, le sugiero que escriba una serie de blogs para que pueda publicarlos regularmente (semanal, mensual, etc.). Prepare algún tipo de esquema en el que usted determine y detalle los temas de cada uno de sus blogs. Algunos bloggers prefieren poner todo su contenido en línea al mismo tiempo y luego dejarlo así. Por ejemplo, si el nicho está dirigido a los bloggers y es sobre Cómo empezar y ganar dinero desde un blog, el blogger podría publicar varios blogs al mismo tiempo. Los temas para los blogs individuales podrían incluir cómo elegir un nicho de blog, cómo escribir un blog, cómo elegir una plataforma de blog, formas de hacer dinero de su blog, etc. Cada tema diferente podría tener un blog separado y, en realidad, usted podría publicar todos estos blogs al mismo tiempo y terminar con la escritura. Por otro lado, si su nicho requiere o se beneficia de actualizaciones frecuentes, querrá escribir blogs adicionales a medida que haya nueva información disponible. Por ejemplo, con el sitio blog de Minnesota Twins que describí, los Twins juegan 162 juegos en una temporada regular y es razonable pensar que cualquier blog concerniente al equipo requerirá por lo menos bitácoras semanales. Este sitio en particular ha tenido tanto éxito que ahora cuenta con nuevos blogs todos los días. Es importante señalar que estos blogs no están escritos por el fundador del sitio del blog. Ahora tiene un grupo estable de escritores que contribuyen con blogs al sitio de manera regular.

¿Y si no es escritor? ¿Todavía puede tener un blog? Sí, sí puede. Puede contratar a un freelance para que escriba sus blogs. Hay una serie de sitios independientes que puede utilizar para contratar a un escritor, incluyendo Upwork y Fiverr. Si quiere transmitir información específica en sus blogs, entonces obviamente tendrá que transmitir esta información al escritor freelance. Pero conozco a otras personas que simplemente le dan un tema al trabajador independiente y luego él investigará el tema y escribirá el artículo. Al contratar a un trabajador autónomo, debe tratar de encontrar a alguien que se adapte a su estilo y con quien pueda trabajar de forma continua. Es posible que tenga que recurrir a uno o dos profesionales independientes antes de encontrar uno que se adapte a sus necesidades. Dependiendo de la longitud de sus blogs, usted debe ser capaz de encontrar un trabajador independiente que puede escribir un blog para usted en alrededor de $ 25 a $ 40 por blog. Si se requiere investigación por parte del trabajador independiente, puede esperar pagar más.

Seleccione su plataforma. Hay muchas plataformas diferentes disponibles para que publique su blog. Algunos de ellos son gratuitos; otros cobran una cuota mensual nominal por alojar sus blogs. En esta sección, detallaré algunas de las opciones disponibles para usted y luego podrá investigar más a fondo estas opciones a medida que decida qué plataforma utilizar.

1) **WordPress** es la plataforma de blogs más popular. Es especialmente popular entre los bloggers principiantes, ya que es gratuito, no requiere mucha experiencia técnica, como la codificación o el diseño, y tiene muchos temas diferentes entre los que elegir. Por favor, tenga en cuenta que WordPress podría no tener la funcionalidad que está buscando a menos que pague por sus actualizaciones. Sin embargo, como principiante, puede decidir a qué "campanas y silbatos" quiere actualizarse más tarde para que su sitio se vea más profesional, para tener acceso a más temas, diseños, plug-ins, etc. Por ejemplo, WordPress.org cobra alrededor de $3 al mes por albergar y ofrece más de 1500 temas gratis y 20,000 opciones de plug-in gratis. Una vez más, si usted es un principiante, le sugiero que empiece con el paquete gratuito y vea si se ajusta a sus necesidades. Si no es así, podrá actualizar en cualquier momento.

2) **Blogger** es una plataforma propiedad de Google. También es gratuito y ofrece acceso gratuito a herramientas de Google como AdSense y Analytics. Es una plataforma fácil de usar y es una gran plataforma para bloggers principiantes.

3) **Tumblr** es otra plataforma gratuita que es un sitio de medios sociales. Es ideal para los microbloggers, personas que quieren publicar muchas notas cortas con frecuencia.

4) **Typepad** y **WIX** son plataformas comerciales de pago mensual que cobran tarifas mensuales nominales de menos de $10 por mes. Estas plataformas están orientadas a los blogs de negocios. Son fáciles de usar. WIX tiene funciones de comercio electrónico que lo hacen atractivo para las pequeñas empresas. A diferencia de WordPress, Blogger y Tumblr, tanto Typepad como Wix te permiten tener su propio nombre de dominio. Por ejemplo, su nombre de dominio siempre tendrá wordpress (Wordpress) o blogspot (Blogger) en el título. Esto puede no importarle, pero si usted tiene un negocio, eso puede ser una consideración importante y usted puede querer en su lugar utilizar un servidor de terceros como BlueHost o HostGator para alojar su sitio. Ambos servidores de terceros ofrecen precios muy razonables por alojamiento a menos de $3 al mes.

Promociona tu blog. El sentido común nos dice que nadie va a leer su blog a menos que sepa que existe. Algunos blogueros son reacios a "tocar su propia bocina" y decir a otros que tienen un blog. No sea tímido con esto. Cuando publique su primer blog, utilice el correo electrónico y los medios sociales para informar a la gente que conoce sobre su nuevo blog y para decirles cómo pueden acceder a él. Si no lo hace, es posible que descubra que tu madre es la única persona que lo lee.

Utilice su blog para ampliar otras actividades relacionadas con los ingresos pasivos. Si es inteligente, vinculará sus blogs a sus otras actividades de ingresos pasivos. Esto no sólo le ayudará a producir ingresos adicionales, sino que también le ayudará a crear un seguimiento leal. Muchas personas utilizan sus blogs para promocionar sus boletines. Instruirán a los lectores para que se suscriban a los boletines informativos mensuales o trimestrales. En la misma línea, los blogueros dirigirán a sus lectores a los podcasts o a los vídeos que han producido. Conozco un buen número de bloggers que han acumulado los blogs que han escrito a lo largo de los años y los han compilado en eBooks. Todo está interrelacionado. Usted debe planear tener múltiples lugares para promover sus actividades de ingresos pasivos.

Siete maneras de obtener ingresos de los blogs

Hay múltiples maneras de ganar dinero con los blogs. No, no es un proceso de la noche a la mañana y se requiere un trabajo inicial. Sin embargo, una vez que usted está en marcha, podría ser capaz de complementar sus ingresos sustancialmente a través de los blogs. He seleccionado siete de mis formas favoritas para que haga blogs de dinero. Aquí están:

1) **Publicidad de coste por clic (CPC).** Con este concepto, los anunciantes pagarán cada vez que un visitante de su sitio haga clic en uno de los anuncios de su sitio. Es una especie de "tasa de búsqueda". La publicidad CPC puede incluir anuncios a todo color que aparecen en su sitio; también puede incluir publicidad de texto simple en su blog. Por ejemplo, si tienes un blog de béisbol en el que el tema es "Diferentes maneras de conseguir entradas para el gran partido" y una de las opciones es comprar entradas a través de un corredor de entradas autorizado, podrás mencionar el nombre de ese corredor de entradas en su texto y, siempre

que el corredor de entradas sea un anunciante participante, podrá ganar una pequeña suma cada vez que alguien haga clic en ese anuncio y el anuncio lo lleve al sitio del anunciante. Debo mencionar de antemano que no se vas a hacer rico con la publicidad de CPC hasta que el número de personas que visitan su sitio llegue a números respetables. Las compañías que ofrecen publicidad en Internet CPC fácil de implementar incluyen AdSense de Google, infolinks, media.net y Chitika. Si usted tiene más interés en la publicidad de CPC, le sugiero que visite algunos de estos sitios mencionados anteriormente para aprender más acerca de los programas de publicidad que están disponibles para usted como blogger.

2) **Venda su propia publicidad en su blog.** Si quiere, puede encargarse de ir a la "vieja escuela" y vender anuncios en su sitio. Usted puede organizarse para los anunciantes en su sitio o puede hacer que un vendedor de terceros haga eso por usted. Para darle un ejemplo de un enfoque de publicidad de vender su propia bicicleta, si usted tiene un blog con respecto a un sendero específico para bicicletas, sin duda podría acercarse a un lugar de alquiler de bicicletas a lo largo de ese sendero o a un restaurante en una de las paradas a lo largo del sendero y ver si quieren anunciarse en su blog. No hay nada de malo en vender anuncios en su blog a la antigua y podrá quedarse con el 100% de los ingresos por publicidad. Si no quiere molestarse en vender anuncios en su sitio, puede registrarse con un vendedor de terceros y ellos pueden hacerlo por usted. Compañías como BuySellAds o BlogAds son vendedores de publicidad de terceros que venderán anuncios para su blog. Ellos le darán entre el 70 y el 75% de las ventas de anuncios y luego se quedarán con las

cantidades restantes a cambio de sus esfuerzos. Tenga en cuenta que los vendedores de terceros no están interesados en los blogs de bajo tráfico, por lo que tendrá que conseguir que su tráfico a niveles decente antes de que usted puede incluso considerar el uso de un vendedor de terceros.

3) **Venda enlaces de texto en su blog.** He mencionado la publicidad de enlaces de texto en la sección anterior sobre publicidad CPC. Hay una compañía llamada LinkWorth que se especializa en este tipo de publicidad de texto. Con LinkWorth, usted podrá vincular un trozo de texto en su blog a una página en otro sitio. Cada vez que uno de los lectores de tu blog haga clic en este enlace, recibirá una comisión de Linkworth. Este es otro programa que requiere una cantidad decente de tráfico a tu blog antes de que puedas empezar a trabajar con LinkWorth, así que, si es un nuevo blogger y su tráfico en el blog sigue siendo mínimo, tendrá que aumentar su tráfico antes de que puedas empezar a hacer estos enlaces de texto de coste por clic.

4) **Cursos y talleres en línea.** En el capítulo anterior, le dije cómo puede ganar dinero autopublicando cursos y talleres en línea. Cualquier blog que haga debe enlazarse con cualquier curso o taller en línea relacionado que haya producido. Una vez más, todas estas cosas están interrelacionadas y usted nunca debe perder la oportunidad de anunciar un medio en otro medio.

5) **Libros y eBooks.** Así como usted querrá usar su blog para promover sus cursos y talleres en línea, usted querrá usarlo para promover cualquier libro impreso, libros digitales o audiolibros que usted haya producido.

6) **Hablando de eventos.** Una vez que el tráfico de su blog ha alcanzado un nivel de reputación, usted podrá anunciarse como un experto en cualquier tema que su blog cubre. Esto puede traer oportunidades para hablar en las que usted puede mejorar sus ingresos pasivos. Tuve un reciente compromiso que resultó de mis blogs sobre la historia de la pequeña ciudad en la que nací. Mi público era la sociedad histórica de la ciudad y, aunque no me pagaron por hablar en el evento, pude vender 71 de mis libros impresos después de mi presentación. La presentación valió la pena mi tiempo financieramente, ya que hice más de $10 por libro impreso por una presentación de 90 minutos que disfruté inmensamente. Por lo tanto, si aún no es alguien que pueda cobrar entre 10.000 y 100.000 dólares por discurso, no te preocupes. Usted todavía puede lograr beneficios a una escala más baja utilizando su blog para promover sus productos y servicios.

7) **Marketing de afiliación.** El marketing de afiliación implica recomendar o referir los productos y servicios de otras compañías y sus productos y servicios a cambio de una comisión. ¿Estás recomendando otros productos o servicios en tu blog? ¿O podrías recomendar otros productos o servicios en tu blog? Si lo haces o si puedes, entonces te sugiero que consideres el marketing de afiliación para ganar algún ingreso pasivo. Una vez más, el dinero que puede ganar estará directamente relacionado con el número de personas que leen sus blogs, sin embargo, cuando el tráfico de su blog alcanza un nivel respetable, entonces es hora de que usted comience a explorar las oportunidades de marketing de afiliación. Hay una tonelada de programas de afiliados disponibles para usted. He enumerado algunos de

los programas más populares para que los use como punto de partida cuando su blog esté a un nivel en el que pueda empezar a cosechar los beneficios del marketing de afiliación. (He proporcionado información adicional sobre marketing de afiliación en el capítulo que sigue.)

-- Amazon Associates

--Red de socios de eBay

--BlueHost

--HostGator

--HostPapa

--DreamHost

--AliExpress

Como he detallado en este capítulo, podrás obtener ingresos pasivos de su blog. Obviamente, antes de que pueda hacer eso, tendrá que poner en marcha tu blog y conseguir los niveles de tráfico para ese blog hasta un punto en el que pueda ganar algo de dinero extra. Pero una vez que lo haya hecho, puede empezar a cosechar los beneficios de ello.

Capítulo 4-Haga ingresos pasivos en Internet hoy

La mayoría de nosotros hemos escuchado el término "ganar dinero mientras duermes". El marketing del afiliado es la actividad de ingresos pasivos que se asocia más a menudo con el concepto de hacer dinero mientras usted está durmiendo. En este capítulo, voy a esbozar cómo se puede ganar dinero con el marketing de afiliación y con el dropshipping, otra actividad de ingresos pasivos que a menudo está relacionada con el marketing de afiliación. Le diré por qué necesita considerar estas actividades para sus fuentes de ingresos pasivos y le diré cómo empezar.

Todo lo que necesitas saber sobre la comercialización del afiliado

El marketing de afiliación es cuando usted recomienda o refiere los productos o servicios de otras compañías a cambio de una comisión. Con el marketing de afiliación, usted es el afiliado. Usted busca productos que disfruta o le gustaría promocionar y luego promocionar ese producto a través de sus diversos medios, incluyendo sitios web, medios sociales, blogs escritos o blogs de video, y correos electrónicos. Luego gana una parte de las ganancias cuando se realiza una venta para ese producto o servicio. Las ventas se rastrean a través de enlaces de afiliados de un sitio web a otro.

Le daré un ejemplo rápido. Una mujer tiene una serie de blogs o podcasts dirigidos a los nuevos padres. Como madre primeriza, ha utilizado un cochecito de bebé que le gusta mucho y que recomendaría a cualquiera. Con esto en mente, escribe uno de sus blogs o hace uno de sus vlogs (video blogs) con esta marca de cochecitos como tema principal. Ella recomienda la silla de paseo sobre la base de su experiencia en su uso y en su blog o vlog que proporciona un enlace a la página web del fabricante, donde los clientes pueden visitar y posteriormente comprar la silla de paseo. Por cada cochecito vendido como resultado del blog de la mujer o vlog, la mujer recibirá una comisión por su parte en la recomendación de la silla de paseo y luego decirle al cliente dónde puede comprarla.

Mientras se escribe este libro, las estadísticas actuales muestran que el 81% de todas las marcas y el 84% de todas las empresas están utilizando el marketing de afiliación como medio para vender sus productos o servicios. Esos porcentajes continuarán aumentando a medida que las compañías continúen incrementando sus gastos de marketing de afiliación. En 2018, el 16% de todas las ventas por Internet fueron el resultado del marketing de afiliación. Es un número impresionante. Los datos ahora muestran que las empresas que venden productos y servicios a través del marketing de afiliación gastarán el 62% de lo que gastarían a través de los esfuerzos de marketing tradicionales, por lo que a medida que estas empresas se den cuenta de que pueden gastar menos y tener más éxito en la venta a través del marketing de afiliación, comenzarán a concentrar más esfuerzos de ventas en esa actividad y el marketing de afiliación continuará creciendo en los próximos años.

Desde el punto de vista del consumidor, los consumidores pueden o no ser conscientes de que usted ganará una comisión como resultado de recomendar un producto o servicio. De cualquier manera, a la mayoría de ellos no les importará, ya que casi siempre terminarán pagando el mismo precio por el producto. Su comisión será incorporada en el precio de venta al público del producto y el consumidor no pagará adicionalmente para cubrir sus comisiones.

Como afiliado, se le puede pagar por tres acciones diferentes que dirigen al consumidor hacia el vendedor. La acción más popular será el pago por ventas. Con esta acción, usted dirige al consumidor hacia el vendedor y el consumidor compra el producto. También se le puede pagar con una acción de Pague por Adelanto. Una vez más, usted dirige al consumidor a un sitio del vendedor y el consumidor entonces hace cualquiera de las acciones requeridas, posiblemente completando un formulario de contacto, suscribiéndose a una prueba de producto, suscribiéndose a un boletín de noticias, descargando software, etc. En estos casos, el vendedor valorará estas acciones lo suficiente como para pagarle una comisión. Otra forma de marketing de afiliación implica que el afiliado recibe un pago por clic. Por lo general, el Pago Por Clic implica que el consumidor haga clic en un enlace de su sitio para ir al sitio del vendedor. El vendedor valora esto lo suficiente como para asignar una comisión al afiliado.

¿Por qué ser un vendedor del afiliado? Con el marketing de afiliación, usted realmente puede ganar dinero mientras duerme. Una vez que haya invertido una cantidad inicial de tiempo en la promoción de un producto, puede seguir ganando dinero por sus esfuerzos mucho después de haber recomendado el producto o servicio del vendedor. Una vez que haya dirigido al consumidor hacia el vendedor, puede salir de la transacción y no tener que dedicar tiempo a apoyar al cliente después de la venta. El marketing de afiliación es atractivo para muchas personas porque les permite obtener ingresos pasivos desde casa sin mucha inversión inicial y sin tener que crear el producto o servicio que va a ayudar a vender. No hay que preocuparse por las cuotas de afiliación y puede empezar rápidamente sin mucho tiempo o esfuerzo.

Cinco pasos para convertirse en un vendedor del afiliado

¿Cómo puede comenzar su camino para convertirse en un vendedor afiliado? Aquí están algunos pasos simples que usted puede tomar para convertirse en un vendedor afiliado. Para el momento en que usted complete estos pasos, usted debe estar bien ubicado en el camino para convertirse en un exitoso vendedor afiliado y ganar ingresos pasivos mientras duerme.

1) **Encontrar o determinar un nicho.** Si va a entrar en el marketing de afiliación, va a tener que determinar un nicho para ese marketing. En la determinación de un nicho o nichos para su marketing de afiliación, le sugiero que encuentre nichos o áreas que le apasionan o que le interesan mucho.

   Me usaré a mí mismo y a mi esposa como ejemplos. Al hacer un inventario personal, tengo una serie de pasiones, muchas de las cuales son mis pasatiempos. Me encanta el béisbol, especialmente la Major League Baseball. También me encanta ser entrenador de béisbol juvenil, al igual que leer y escribir. Me considero un experto en escritura, escritura fantasma, autoedición y edición. Por último, me encanta andar en bicicleta y me encantan los perros. A mi esposa, por otro lado, le encanta hablar sobre temas de paternidad. Es partera de oficio y tiene muchos conocimientos sobre partería. Ella es una fashionista y es extremadamente conocedora y apasionada de los bolsos, como lo atestiguan nuestros estados de cuenta de tarjetas de crédito.

   Al examinar sus interese debe tratar de determinar si hay suficiente conocimiento para que usted se presente como un experto en el tema. ¿Hay suficiente conocimiento en el tema como para escribir 25, 50 o 100 blogs sobre él? Para mis propósitos, podría escribir un blog sobre béisbol todos los días. Por otro lado, aunque me gusta andar en bicicleta, me resultaría difícil escribir de 25 a 50 blogs sobre el ciclismo.

Si usted tiene suficiente información en el nicho que está considerando, la siguiente cosa a considerar es si usted puede hacer dinero en la recomendación de productos o servicios en ese nicho. Con los intereses de mi esposa y los míos, se me ocurren un par de cosas. En cuanto a mi amor por los perros, soy muy consciente de que los productos y suministros para mascotas son una industria enorme. Incluso una industria más pequeña como el ciclismo tiene una gran cantidad de diferentes productos disponibles, incluyendo bicicletas, cascos, guantes, bolsas para bicicletas, botellas de agua y portabotellas, kits de reparación de neumáticos para bicicletas, etc. Obviamente, hay un mercado para bolsos de mujer, gracias a mi esposa. Por otro lado, tengo la sensación de que no se puede ganar tanto dinero en el entrenamiento juvenil, ya que no hay muchos productos necesarios para entrenar a un equipo de béisbol juvenil. Sí, es posible que se requieran uniformes, bates y pelotas, pero la mayoría de los entrenadores ya tienen fuentes para esos productos. Sí, puede haber algunos talleres de entrenamiento en línea que pueden estar disponibles para la venta o algunos libros en la misma línea, pero la cantidad de productos en este nicho parece ser algo limitada en comparación con los productos disponibles en el nicho del perro o incluso en el nicho más pequeño del ciclismo. Por lo tanto, al hacer un inventario de las cosas que te apasionan, debes determinar si hay dinero para hacer dentro de esos nichos. Si no hay ninguno o tantos productos para vender dentro de ese nicho, entonces no es un buen nicho de marketing de afiliación. Sin productos no hay ventas.

2) **¿Hay programas de marketing de afiliación disponibles dentro de su nicho?** Una vez que se haya decidido por un nicho en el que esté interesado, es hora de que averigüe qué hay en términos de productos y servicios que puede promocionar con sus sitios web, blogs, vlogs y correos electrónicos. Por ejemplo, si decido que quiero entrar en un programa de marketing de afiliación con respecto al adiestramiento de cachorros, me gustaría saber qué productos hay por ahí que estén relacionados con el adiestramiento de cachorros o el adiestramiento de perros. A una escala un poco más amplia, ¿qué productos existen que estén relacionados con los cachorros en general?

Tendrá que pasar algún tiempo investigando esto. Pero debido a que los productos y servicios que usted encuentre serán la fuente de sus ingresos para este esfuerzo de marketing de afiliación, el tiempo que usted pase en él valdrá la pena. Cuando encuentre estos productos o servicios, debe asegurarse de que sean de buena calidad. Si usted está comercializando artículos de mala calidad, seguramente dañará su reputación o credibilidad. Muchos vendedores del afiliado probarán productos o servicios antes de recomendarlos. Además, debe asegurarse de que los productos que recomienda a los consumidores son productos con los que desea asociarse. Podría ser conveniente que lea los comentarios de productos publicados de cualquier producto o servicio que esté considerando para sus esfuerzos de marketing de afiliación.

Mientras encuentra programas de marketing de afiliación dentro de su nicho, usted debe ver si hay vendedores similares a usted dentro del nicho. Si es así, eso es probablemente una buena noticia, ya que otros afiliados probablemente no recomendarían a esos vendedores si no estuvieran ganando dinero con ello.

3) **Es hora de hacer un sitio.** Ahora que ha hecho su investigación, es hora de que cree un espacio en el que pueda difundir información a los consumidores. Es hora de hacer un sitio web. Aunque hay diferentes anfitriones web, muchos principiantes usan WordPress porque es fácil de usar y es gratis (aunque hay actualizaciones disponibles). Construir un sitio web es mucho, mucho más fácil que nunca y no necesitará ser un programador o un diseñador. No se requieren conocimientos técnicos.

Al construir un sitio web, primero tiene que comprar un dominio, que será la dirección de su sitio web. GoDaddy y NameCheap son fuentes muy populares de las que puedes comprar un nombre de dominio. La última vez que miré, se podía comprar nombres de dominio de estas dos compañías a menos de $15 por año. Al seleccionar su nombre de dominio, debe saber que es posible que el nombre de dominio que desea ya exista y que tenga que pensar en otras opciones.

Después de tener un nombre de dominio, tendrá que encontrar un anfitrión para su sitio web. Una vez más, GoDaddy es una opción popular, al igual que BlueHost y HostGator, compañías que mencioné anteriormente. Las tres compañías tienen planes que comienzan con menos de $3 al mes. Si usted compra su nombre de dominio y su alojamiento web de diferentes empresas, tendrá que vincular los dos juntos. Sin embargo, este es un proceso muy fácil que se describe en los sitios mencionados anteriormente.

Ahora que ha comprado un nombre de dominio y ha seleccionado un host para su sitio web, es el momento de instalar su sistema de gestión de contenidos. (por ejemplo, WordPress o cualquier sistema de gestión de contenidos que haya elegido.) En el proceso de hacer esto, tendrá la oportunidad de seleccionar un tema para usar en su sitio web. Mientras que la mayoría de los sistemas de gestión de contenidos ofrecen una gran selección de temas para elegir, usted debe seleccionar un tema que funcione bien con cualquier nicho que haya elegido.

4) **Cree contenido para su sitio web.** Ahora que tiene su nombre de dominio, su anfitrión web y su tema, puede empezar a crear contenido para su sitio web. Cualquiera que sea el contenido que usted cree, ciertamente debe estar relacionado con el nicho que usted ha elegido. Su contenido debe ser lo suficientemente interesante, atractivo o informativo para que los visitantes de su sitio web sigan volviendo. Aquí están algunas ideas básicas sobre las formas populares de transmitir el contenido en los sitios de marketing de afiliación:

>**Reseñas.** Muchos afiliados proporcionarán reseñas de los productos o servicios que están tratando de vender. Si es posible, usted habrá usado los

productos que está recomendando. Esto le ayudará inmensamente a revisar el producto. Si usted no ha usado el producto, muchos consumidores pueden sentir que no lo ha hecho.

Blogs. Los afiliados a menudo utilizan los blogs para promocionar los artículos que intentan vender. Aunque el blog no tiene que ser necesariamente todo sobre el artículo que está tratando de vender, al menos debe mencionar ese producto o servicio dentro del artículo en el lugar apropiado. Muchos blogs abordan problemas, preguntas y luego, con suerte, ofrecen soluciones o recomendaciones sobre cómo se pueden resolver esos problemas. En el trabajo de su marketing de afiliación, obviamente querrá recomendar sus productos de afiliados como posibles soluciones a los problemas.

Enlaces de contenido dentro del texto. Estoy seguro de que ha visitado sitios web y leídos artículos que tienen enlaces dentro del texto de esos artículos. Si hace clic en esos enlaces, le llevarán a otros sitios web donde podrá ver contenido adicional o comprar productos o servicios. Estos se denominan enlaces contextuales de texto y proporcionan un medio muy eficaz de marketing de afiliación. Al usar enlaces de texto, usted podrá ganar dinero si la gente de su sitio va inmediatamente a estos otros sitios y compra productos.

Productos informativos. Muchos sitios web ofrecerán productos informativos gratuitos para crear sus listas de correo. Si usted puede construir una lista de correo sustancial, usted será mucho más exitoso en su marketing de afiliación. Los afiliados también ofrecerán boletines o libros electrónicos gratuitos a los consumidores que registren sus nombres y direcciones de correo electrónico.

Banners publicitarios. Muchos afiliados utilizan anuncios de banner en sus sitios web para dirigir a la gente a sus sitios afiliados. Estos anuncios de banner pueden ser muy efectivos, aunque no querrá desordenar su sitio con tantos anuncios que su contenido se pierda. También puede perder su credibilidad como experto.

5) **Comercialice su sitio, construya su audiencia.** Ahora que tiene su sitio web en funcionamiento, es importante que la gente sepa que existe. Hay varias maneras de construir la audiencia para su sitio web. Al hacer esto, es importante que usted continúe agregando contenido valioso a su sitio, contenido que hará que la gente vuelva a su sitio. Si alguien va a visitar su sitio una vez y luego no volver a visitarlo nunca más, es muy poco probable que tenga éxito en sus esfuerzos de marketing de afiliación. Aquí hay maneras en que usted puede tener seguidores:

Medios de comunicación social. Probablemente ya esté participando en varios medios de comunicación social. Es importante que utilice esos lugares para promocionar su nuevo sitio web. Los medios sociales como Facebook, Instagram, Twitter y Pinterest ofrecen oportunidades para que se enteren de su nuevo sitio.

Experiencia. Si es un experto en algo (es decir, en entrenamiento de cachorros), deberías estar disponible para publicar artículos de invitados en otros blogs relacionados de alto tráfico. Ofrézcase a escribir blogs para ser publicados en estos otros sitios a cambio de que mencionen o proporcionen un enlace a su dirección web. Si publicas un mensaje en el sitio web de otra persona, podrás hacer correr la voz sobre el sitio web de usted.

Optimización para motores de búsqueda (SEO). SEO también será importante para dirigir a la gente a su sitio web. Si usted no está muy familiarizado con el SEO, le sugiero que se tome un tiempo para leer algunos artículos sobre SEO y lo que puede hacer para optimizar su sitio web en las búsquedas de Internet. Si usted no tiene el tiempo para hacer esto, puede considerar contratar a un experto en marketing SEO para que lo haga por usted.

Publicidad pagada. Otra opción que puede utilizar para llevar a la gente a su sitio web es la publicidad de pago. Los sitios de medios sociales generalmente ofrecen anuncios asequibles. O puede comprar anuncios de banner en pequeños sitios de nicho que están relacionados con su nicho. GoogleAdWords también puede ser una buena opción para usted, dependiendo de su nicho.

Gana dinero con el envío de dinero

El dropshipping es otra forma de obtener ingresos pasivos. Para aquellos que no están exactamente seguros de lo que es el dropshipping, permítanme proporcionarles una descripción que puede ayudarles Dropshipping es un método de cumplimiento minorista en el que podrá vender los productos minoristas de su elección en una tienda en línea que cree. El beneficio de dropshipping para usted es que no tendrá que abrir una tienda física con sus grandes gastos generales y mensuales de alquiler y seguro. Usted no tendrá que contratar y pagar a los empleados o hacer impuestos sobre la nómina. No tendrá que llevar ni almacenar ninguna mercancía. Todo esto será manejado por un tercero, un proveedor que almacenará y almacenará los artículos que usted está vendiendo y que enviará los artículos que usted vende directamente al consumidor.

Usted será responsable de asegurar las ventas de los artículos que está vendiendo. También podrá fijar precios en estos artículos, pero esos precios tendrán que ser comparables a lo que el mercado dicte u ofrezca la competencia o las compañías que venden la misma mercancía. Debe señalarse que, con los programas de envío por correo, es probable que los productos que usted está vendiendo también sean vendidos por otras compañías, por lo que sus precios probablemente tendrán que seguir siendo competitivos y es posible que descubra que sus márgenes de ganancia serán reducidos, dependiendo del artículo.

Permítame explicarle cómo funciona este proceso entre bastidores. Digamos que tengo una tienda en línea que vende camisetas de béisbol de ligas menores personalizadas. Todas estas camisetas contienen los logotipos y diseños de los diferentes equipos de béisbol de las ligas menores. Un cliente compra una camiseta en mi sitio web por $40 y me paga en línea por esa camiseta. Luego envío el pedido a mi proveedor o mayorista, quien me vende la camiseta por $28. El proveedor envía el pedido al cliente usando una etiqueta de envío con mi nombre. Esta "etiqueta ciega" se utiliza para que el cliente reconozca al remitente del artículo. También se utiliza para que el cliente no pueda eludirme e ir directamente al proveedor o mayorista. Cuando el proveedor o mayorista envía la camiseta al cliente, me cobrarán los $32 dólares del costo de la camiseta más el envío. Por lo tanto, mi papel en toda la venta es simple: Aseguré la venta y la envié al proveedor, y envié un acuse de recibo al cliente. El proveedor hizo, almacenó y envió la camiseta. También cobré $8 por la venta. En definitiva, como vendedor afiliado, soy un intermediario. Como puede ver, el dropshipping es un modelo de negocio sencillo que requiere una inversión mínima de tiempo y dinero por su parte. Si encuentra el nicho y el proveedor adecuados, el dropshipping puede ser una empresa rentable.

Cinco pasos esenciales en la creación de una empresa de dropshipping

Aquí hay cinco pasos esenciales para lograr el éxito del dropshipping.

1) **Encuentra un nicho.** Hemos discutido lo importante que es encontrar un nicho en las secciones anteriores sobre blogs y marketing de afiliación. Los mismos principios se aplican aquí. Si se va a involucrar en el dropshipping, estará involucrado en un lugar en el que es probable que tenga muchos competidores. Con esto en mente, cuanto más pueda refinar su nicho, más éxito tendrá. Por ejemplo, si desea afinar su nicho, puede ir desde productos para mascotas hasta productos para perros, pasando por

productos para cachorros o productos de entrenamiento para perros, etc. Cuanto más ajuste su nicho, menos competidores y mayores serán sus márgenes de beneficio.

2) **Investigue a su competencia.** Hablando de competencia, será importante que usted investigue a su competencia para averiguar cuánto están cobrando por los mismos o similares artículos que usted pretende vender en su sitio. Esto le dará una idea de los márgenes de ganancia que estarán involucrados con los artículos que tiene la intención de vender. Si descubre que tendrá que vender con márgenes bajos en la mayoría de los artículos que tiene intención de vender, es posible que desee reconsiderar el nicho que ha elegido.

3) **Seleccione una plataforma.** Con su negocio de envío por correo, tendrá muchas plataformas para elegir. Esbozaré tres de las plataformas más populares aquí para darle una buena idea de lo que está disponible para usted.

>**Doba** tiene una gran selección de productos y proveedores para que usted los utilice en sus actividades de dropshipping. Tienen más de 2 millones de productos para elegir. Estos productos provienen de casi 200 proveedores. Al trabajar con Doba, usted no tendrá que asociarse con varios dropshippers. Doba cobra $29 al mes por su programa básico y 99 centavos por pedido. Tienen seminarios web de capacitación en vivo para principiantes y le enviarán actualizaciones por correo electrónico sobre descuentos para proveedores, nuevos productos y productos de temporada, y

nuevos proveedores a medida que estén disponibles para usted.

Oberlo es una plataforma que se integra perfectamente con Shopify. Permite la importación de productos AliExpress con un solo clic. Por favor, tenga en cuenta que Oberlo sólo funciona con tiendas Shopify y sólo admite AliExpress por el momento. Ellos ofrecen una cuenta gratuita, pero con la cuenta gratuita, usted estará limitado a 500 productos y 50 pedidos por mes. Cuando sus pedidos superen los 50 pedidos al mes, su cuota mensual será de $29.90.

Dropship Direct tiene más de 100,000 artículos de más de 900 marcas para que usted elija. Es gratis de usar, pero a medida que su negocio crece, usted notará que tienen un sistema de administración back-end que está disponible por $37/mes o gratis para aquellos que están haciendo más de $1000 al mes en ventas.

Otras plataformas de dropship que podrían merecer una mirada incluyen **Wholesale2B, Megagoods, SaleHoo, Sunrise Wholesale, Wholesale Central, y National Dropshipper.**

4) **Construya su sitio de comercio electrónico.** Una vez que haya determinado la plataforma que va a utilizar para sus actividades de envío por correo, tendrá que desarrollar un sitio web o una tienda en la que vender los productos que ha elegido. La mayoría de los novatos que envían por correo usan Shopify para su tienda de comercio electrónico. Shopify tiene un constructor de sitios web que le permitirá poner en marcha su negocio de envío por correo rápidamente. No

necesitarás conocimientos técnicos para lanzar un sitio web en Shopify. Y con un sitio de Shopify, usted tendrá control total sobre la navegación, las páginas de contenido y el diseño de su sitio. Además, Shopify tiene un sistema de procesamiento de pagos incorporado que le permitirá aceptar pagos de clientes que están comprando artículos en su sitio. Y Shopify tiene múltiples aplicaciones que le ayudarán a desarrollar un exitoso negocio de envío por correo. Además, Shopify tiene una serie de planes de precios para que usted elija. Esos planes comienzan en $29/mes y Shopify tomará el 2.9% de las ventas y 30 centavos por transacción además de la cuota mensual.

5) **Lleve a la gente a su sitio.** Una vez que usted tiene su sitio de ecommerce funcionando, su trabajo no está terminado. Va a tener que seguir trabajando para que la gente visite su sitio. Lo harás en los medios sociales, en tus blogs y vlogs, y con los correos electrónicos. He descrito la mayoría de estas actividades de marketing en el capítulo sobre marketing de afiliación, así que no las repetiré aquí. Pero hago hincapié en la importancia de hacer que la gente conozca su sitio, no sólo una vez, sino de forma continua. Si usted tiene buenos productos para vender a precios razonables, la clave para el crecimiento de su negocio girará en torno a su capacidad de conseguir que la gente visite ese sitio.

Capítulo 5: Hágase más rico mientras duerme

En este capítulo, voy a mostrarle algunas fuentes de ingresos pasivos adicionales para ayudarle a ganar aún más dinero mientras duerme. Tal vez hasta pueda llegar a un punto en el que gane tanto dinero mientras duerme que querrá dormir todo el tiempo. Sólo bromeaba. (broma)

Amazonas FBA

Amazon FBA significa Fulfillment By Amazon. Amazon FBA se ha convertido en una de las formas más populares de obtener ingresos en línea. Hay casi 2 millones de personas vendiendo en Amazon en todo el mundo. Alrededor de la mitad de las ventas en Amazon provienen de la venta a terceros; de los 10.000 principales vendedores de Amazon, cerca de dos tercios de esos vendedores utilizan FBA.

Así es como funciona. Usted envía sus productos a Amazon y ellos lo almacenan por usted. Cuando un cliente hace un pedido de uno de sus productos, Amazon selecciona, empaqueta, envía y rastrea ese producto por usted. También se encargan de todas las devoluciones y reembolsos. Amazon entonces le paga cada dos semanas por cualquier mercancía que usted haya vendido. A cambio de sus esfuerzos, Amazon cobra tarifas de almacenamiento y cumplimiento.

Hay una serie de ventajas importantes al usar Amazon FBA para vender sus artículos. Lo más importante es que les ofrecen acceso inmediato a millones de clientes potenciales. Más de 300 millones de personas han comprado a Amazon; tienen más de 90 millones de miembros de Amazon Prime. En resumen, ninguna otra compañía puede siquiera acercarse a ofrecerle acceso a tantos clientes. Y gracias a todos los paquetes que envía y a todos los almacenes que tiene en diferentes partes del país, Amazon es capaz de enviar y entregar artículos de manera menos costosa que cualquier otra empresa. Una de las mayores razones por las que la gente usa Amazon es por el envío gratuito que ofrecen a sus clientes Prime y también a sus clientes que no son de Prime que hacen pedidos que alcanzan una cantidad mínima de dólares. Además, Amazon es conocida por su rapidez de envío, su excelente servicio al cliente y su generosa política de devoluciones. Todo esto ha permitido a Amazon construir su reputación como minorista, y el volumen que genera Amazon muestra la confianza que los consumidores tienen en la empresa.

Si va a utilizar Amazon FBA, debe tener en cuenta las diversas tarifas asociadas con él. Si acaba de empezar, Amazon tiene un plan individual para aquellas personas que venden menos de 40 artículos al mes. No hay cuota de suscripción para este plan. Si usted está vendiendo más de 40 artículos al mes en Amazon, el siguiente paso es su plan de venta profesional, el cual tiene un cargo de suscripción mensual de $39.99. Los vendedores individuales de planes en Amazon pagan un cargo de 0.99 por artículo vendido y cargos variables de cierre de 0.45 a 1.35 dólares por artículo. Los vendedores profesionales pagan comisiones de cierre variables y comisiones de referencia que oscilan entre el 6% y el 25%, con un promedio del 13%.

Si va a participar en el programa FBA de Amazon, pagará las tarifas de almacenamiento de Amazon para que almacene sus artículos en su almacén. Hay cargos por almacenamiento a corto y largo plazo. Las cuotas a corto plazo son cuotas mensuales que varían dependiendo de la época del año en que se almacenan los artículos. De enero a septiembre, usted tiene que pagar alrededor de 0.65 por pie cúbico; durante la temporada de fiestas, de octubre a diciembre, usted tiene que pagar $2.40 por pie cúbico. Además de eso, tendrá que pagar tarifas de almacenamiento a largo plazo por cualquiera de sus artículos que Amazon almacena durante más de un año. Amazon toma lo que ellos llaman una limpieza de inventario cada 15 de febrero y 15 de agosto y luego le notificarán de cualquier artículo que haya tenido en su inventario durante más de un año. Pero puede evitar los gastos de almacenamiento a largo plazo si envía una orden de mudanza y saca esos artículos del almacén de Amazon. Por lo tanto, las tarifas de almacenamiento a largo plazo no deben ser una preocupación importante. De cualquier manera, también le corresponderá mantenerse al tanto de su inventario para que pueda minimizar los costos mensuales de almacenamiento y eliminar la posibilidad de cualquier costo a largo plazo.

Al revisar las historias de éxito de Amazon FBA, he notado que las historias de éxito más grandes involucran a vendedores que están vendiendo productos únicos o nichos de productos. Si quieres hacerte rico vendiendo a través de Amazon FBA, querrás tener un producto extremadamente único, posiblemente incluso un artículo o concepto que hayas creado. Por ejemplo, las historias de éxito de Amazon FBA incluyen a un hombre que creó un juego de cartas de juguete y otro hombre que creó un concepto sobre cómo comprar y vender libros usados con fines de lucro. Otro hombre tomó un viejo concepto que había perdido fuerza y lo comercializó a una nueva audiencia. Tomó un aro y una red de baloncesto pop-up que antes se vendían en salas de juegos, ferias y bares, y volvió a comercializarlos para que fueran destinados al uso doméstico. Alguien más trabajó con un fabricante chino para desarrollar una línea de zapatos ultra cómodos, mientras que otro exploró y puso a disposición de los amantes de las mascotas una línea de productos para la salud. Y otra selección de artículos de moda que él podía etiquetar privadamente y ponerlos a su disposición. Como puede ver, la mayoría de estas historias de éxito involucran productos o conceptos únicos. Si usted tiene un artículo como este o si usted puede encontrar uno, usted podría tener un éxito tremendo en Amazon FBA.

Todo lo que necesita saber sobre las oportunidades de préstamos entre pares

Los préstamos de persona a persona (P2P) son otra forma de obtener ingresos pasivos, al usar su dinero para ganar más dinero. Para aquellos de ustedes que no están familiarizados con los préstamos entre pares, permítanme que se los describa. Con los préstamos P2P, los individuos prestan su dinero a individuos o pequeñas empresas que buscan pedir dinero prestado. En esencia, el P2P es un préstamo no bancario que elimina al intermediario: los bancos. Los préstamos P2P se han vuelto atractivos para los inversionistas que buscan rentabilidad y que buscan alternativas para reemplazar las inversiones tradicionales de bajo rendimiento, tales como ahorros, bonos, fondos del mercado monetario y certificados de depósito.

Si está diciendo que no tiene dinero para invertir, debo señalar rápidamente que no tendrá que invertir grandes cantidades. Muchas compañías populares de préstamos P2P, incluyendo Prosper y Lending Club, requieren una inversión mínima de sólo $25 en cada préstamo. Los préstamos entre pares generalmente ofrecen una tasa de rendimiento que oscila entre el 5 y el 11%. Los préstamos P2P generalmente se consideran seguros, pero, como con cualquier préstamo, existe cierto riesgo, ya que los préstamos ofrecidos son préstamos sin garantía.

Así es como funcionan los préstamos P2P. Una persona (o negocio) que busca pedir dinero prestado va a un sitio de préstamos P2P y llena una solicitud que incluye la razón por la que quiere pedir dinero prestado y la cantidad que está buscando. Los préstamos P2P oscilan entre $1000 y $35,000. Esta información se pone a disposición de los posibles inversores, que pueden elegir en qué préstamos invierten. El precio y la clasificación de los préstamos se basan en numerosos factores, incluyendo el puntaje crediticio del prestatario potencial, el nivel de ingresos actual, el monto del préstamo solicitado y el plazo deseado del préstamo. Es importante señalar que casi todas las plataformas de préstamos no entretienen a los prestatarios de alto riesgo. De hecho, la mayoría de las plataformas de préstamos requieren un puntaje crediticio mínimo de 600 a 650 y por lo general no otorgan préstamos a personas o empresas que han tenido bancarrotas, sentencias o gravámenes fiscales recientes.

Con los préstamos P2P, la plataforma maneja todas las tareas administrativas involucradas en los préstamos, incluyendo la suscripción, el cierre, la distribución del préstamo y el cobro de los pagos mensuales. A cambio de ello, las plataformas de préstamo cobran una comisión de gestión (generalmente del 1%) por su papel en la administración del préstamo. Esta comisión de gestión se resta de cada pago mensual. Con los préstamos P2P, todo lo que el inversor tiene que hacer es seleccionar los préstamos en los que desea invertir.

Como se mencionó anteriormente, existe cierto riesgo al invertir en préstamos P2P. El principal riesgo es la posibilidad de incumplimiento. Como se trata de préstamos sin garantía, usted podría perder el dinero que ha invertido si el prestatario incumple con el préstamo. Y no hay seguro de la FDIC (Corporación Federal de Seguro de Depósitos) para estos préstamos. Así que, en el peor de los casos, el dinero que invierta en préstamos P2P podría disminuir en lugar de aumentar. Otra cosa para recordar es que estas inversiones tienen una liquidez limitada. Por lo tanto, una vez que haya invertido, probablemente no podrá sacar su dinero hasta que el plazo del préstamo haya expirado.

Al entrar en los detalles de los posibles riesgos de la inversión en préstamos P2P, no lo hago para desanimarle de participar en esta forma de inversión. Sólo quiero que tengan cuidado con las posibles trampas que se asocian con los préstamos P2P. La mayoría de las plataformas de préstamos clasifican el riesgo de cada préstamo y algunas de ellas le permiten invertir en todas sus diferentes categorías de riesgo. Esto permite al inversor diversificar su cartera y compensar los mayores riesgos con menores riesgos.

He enumerado algunas de las plataformas de préstamo más populares para los inversores con una breve descripción de cada una:

Prosper es una de las plataformas de préstamo P2P más populares. Permite a los inversionistas invertir un mínimo de $25 en un préstamo. Prosper tiene siete categorías de riesgo diferentes que tienen retornos estimados que van del 5% al 13-1/2%. Permite a los inversores distribuir sus riesgos entre todas las categorías para que puedan diversificar sus carteras y equilibrar sus riesgos globales.

Lending Tree es otro sitio muy popular. Con Lending Tree, usted puede invertir tan poco como $25 en cualquier préstamo, pero aun así tendrá que transferir un mínimo de $1000 a su cuenta. Con esta plataforma, si no desea seleccionar los préstamos manualmente, le permitirán elegir una mezcla de plataforma o una mezcla personalizada.

Peerform tiene 16 categorías de riesgo diferentes. Permiten a los inversores invertir en préstamos enteros o fraccionados. Además, le permitirán repartir sus préstamos entre las diferentes categorías de riesgo, para que pueda diversificar su cartera y promediar sus riesgos a un nivel con el que se sienta cómodo.

Aquí hay algunas otras plataformas populares que pueden ser de su interés: Upstart, StreetShares, FoundingCircle y Kiva. StreetShares y FundingCircle se dirigen a los préstamos para pequeñas empresas. Kiva destina los préstamos a organizaciones sin fines de lucro.

40 maneras en que puede usar sus habilidades o intereses para obtener un ingreso pasivo

Esto será divertido. De manera rápida, voy a mencionar algunas ideas rápidas sobre cómo podrías usar sus habilidades o intereses para ganar un ingreso pasivo. No gastaré mucho tiempo o espacio en estas ideas, ya que eso requeriría un libro entero. Sin embargo, espero que al menos algunas de estas ideas le sean útiles. Ofrezco una amplia gama de ideas y las ofrezco al azar. Se dará cuenta inmediatamente de que algunas de las ideas no son para usted, pero es de esperar que algunas de ellas despierten su interés.

1) **Realice encuestas en línea.** Usted puede ganar dinero en su tiempo libre completando encuestas en línea. Hay muchas empresas de investigación en línea que le pagarán por completar encuestas. Comience con **Survey Junkie** y, si todavía tiene tiempo extra, regístrese con otras compañías.

2) **Escritor independiente.** ¿Es usted escritor? Si es así, puedes ganar dinero extra escribiendo artículos, blogs, libros, copias para la web, etc. Comience con **Upwork** y **Contently.**
3) **Editor independiente.** ¿Es bueno editando? Si es así, puede ganar dinero editando blogs, trabajos de tesis, artículos, web copy, libros, etc. Una vez más, comience con **Upwork** y **Contently.**
4) **Pintar casa.** ¿Le gusta pintar? ¿Eres bueno en eso? Si es así, usted debe ser capaz de pintar algunas casas para hacerdinero extra, por dentro o por fuera. Su cliente compra la pintura, pero usted tendrá que suministrar los otros materiales necesarios.
5) **Vende tus notas de la clase de la universidad.** Si usted toma buenas notas, probablemente pueda ganar algo de dinero extra vendiendo notas a los estudiantes que están tomando las mismas clases el siguiente semestre.
6) **Venda su plasma.** Hice esto cuando estaba en la universidad. A diferencia de la sangre, que puede donarse sólo cada ocho semanas, usted puede vender su plasma hasta dos veces por semana, a un precio de $25 a $50 por sesión. Si usted tiene un centro de plasma cerca de usted, esta es una gran manera de ganar dinero extra. La mayoría de las ciudades ahora tienen centros de plasma. Si usted está asistiendo a una universidad grande, es casi seguro que hay un centro de plasma cerca.
7) **Venda sus fotografías.** ¿Es un buen fotógrafo? ¿Le gusta tomar fotos? Bueno, puede vender esas fotos a sitios de fotos de stock y puedes vender la misma foto una y otra vez. ¿Quién compra estas fotos de archivo? La gente los compra para usarlos en sitios web, en blogs y boletines, en portadas de libros, etc. Es caro contratar a un fotógrafo, y muchas personas prefieren comprar fotos de un sitio de fotos de

stock. Comience con **istockphoto, SmugMugMug Pro** y **Shutterstock.**

8) **Hacer, crecer y vender cosas en los mercados agrícolas.** ¿Tiene usted un mercado de agricultores en su comunidad o en una comunidad circundante? Si es así, estos son excelentes lugares para vender muchos artículos caseros o hechos en casa, incluyendo frutas y verduras, productos horneados, artesanías, edredones, y miel, jarabe o salsa hechos en casa. Visite el mercado agrícola más cercano y vea si le ofrece la posibilidad de vender cualquiera de sus productos caseros o hechos en casa.

9) **Tutor deportivo.** ¿Conoce de deportes? Si es así, usted podría considerar ser un tutor de deportes. Si usted es un buen jugador de béisbol, podría considerar ofrecer sus servicios para enseñar a los niños cómo mejorar sus habilidades de bateo. ¿Fue mariscal de campo en la secundaria o en la universidad? Enseñe a los aspirantes a mariscales de campo cómo mejorar sus habilidades de lanzamiento. ¿Tenis? ¿Fútbol? ¿Gimnasia? Muchos padres están dispuestos a gastar dinero para que sus hijos mejoren sus habilidades deportivas.

10) **Tutor de Matemáticas.** En la misma línea, si es bueno en matemáticas, puedes vender tus servicios como tutor de matemáticas. Tengo una hija que hizo eso para los niños de la escuela intermedia y ella ganó algunos buenos ingresos a tiempo parcial de tutoría a los niños en matemáticas.

11) **Tutor de idiomas.** De nuevo, en la misma línea, si usted es competente en un segundo idioma, puede enseñar a los estudiantes para que aprendan otro idioma. Y con todas estas ideas de tutoría, usted debe tener en cuenta que puede hacer esa tutoría en persona o en línea, individualmente o en sesiones de grupo. Un amigo mío tiene

un hijo que está pagando por su viaje post-universitario a través de Europa enseñando inglés a estudiantes chinos en línea.

12) **Trabajo de voz en off.** ¿Tienes buena voz? Si es así, puedes ganar dinero extra haciendo trabajos de voz en off. Empieza con **Upwork** o **Fiverr** para encontrar tus conciertos.

13) **Reciba un pago por comprar.** Mucha gente ahora utiliza a los compradores personales por una variedad de razones. Algunas personas usan compradores personales para hacer sus compras de regalos navideños (lo vi en una película de Hallmark). Mi vecina tiene 92 años y le paga a una mujer para que haga sus compras semanales. Algunos ejecutivos corporativos que no tienen mucho tiempo libre contratan a alguien para hacer mandados, como recoger la ropa de la tintorería.

14) **Reparaciones.** Las personas hábiles para arreglar cosas en la casa son difíciles de encontrar. Si eres bueno en esto, deberías considerar ofrecer su servicio. Comience con **Angie's List, Takl,** o un anuncio clasificado en su periódico local.

15) **Limpieza de la casa.** Usted puede ganar dinero extra trabajando como limpiador de la casa, ya sea de forma continua, como una vez a la semana, o puede vender sus servicios a personas que se están mudando y pueden no tener tiempo para limpiar sus lugares adecuadamente antes de salir. De nuevo, empieza con **Angie's List y Takl.**

16) **Cuidando la casa.** Sí, algunas personas le permitirán vivir en sus casas gratuitamente si se van a ausentar por períodos de tiempo prolongados. Nada de fiestas, por favor.

17) **Servicios de obras en el patio.** Algunas personas no están interesadas, no pueden o no tienen tiempo para hacer su propio trabajo de jardinería. Usted puede llenar el vacío

cortando el césped, removiendo la nieve con una pala, limpiando las canaletas, rastrillando las hojas, recortando los arbustos, etc.

18) **Servicios de costura.** ¿Es bueno con una máquina de coser? ¿Puede arreglar la ropa o acortar un par de pantalones? Si es así, usted puede ganar dinero extra cosiendo en casa. Además, tenga en cuenta que algunas personas hacen dinero extra planchando ropa desde sus casas.

19) **Cuidando a los niños.** Una gran manera para que un estudiante de secundaria o universitario responsable gane algo de dinero extra.

20) **Cuidado de mascota.** En la misma línea, muchos dueños de mascotas no saben qué hacer con sus mascotas cuando se van de viaje y no pueden llevarse a sus mascotas con ellos, como lo demuestra la creciente popularidad de los hoteles para mascotas. Si eres un amante de las mascotas, esta es una buena manera de ganar algún ingreso extra. Corre la voz.

21) **Pasear a los perros.** Sí, algunas personas no tienen tiempo para pasear a sus perros. Esto le ofrece la oportunidad de ganar algo de dinero y hacer algo de ejercicio al mismo tiempo.

22) **Enseñe clases de ejercicios.** Si es un aficionado al ejercicio, puede ganar un ingreso extra enseñando clases de ejercicios como spinning, yoga, Zumba, CrossFit, etc. Gana dinero mientras se mantienes en buena forma.

23) **Llame a un amigo/Bienestar.** Una de mis vecinas fundó una empresa en la que hace un control diario del bienestar de las personas mayores. Ella ha reunido una linda lista de clientes y llama a cada persona a la misma hora todos los días. Sus servicios son pagados en su mayoría por las hijas o los hijos de las personas mayores que se preocupan por el bienestar de los padres ancianos.

24) **Artesanías.** ¿Es bueno o podría ser bueno en un oficio en particular? Si usted hace joyas, artículos de cuero, ropa, etc., puede vender sus artículos en varias plataformas de artesanía. Comience con **Etsy** como el lugar para vender sus artículos.
25) **Reparación de motores pequeños.** ¿Es bueno arreglando motores pequeños? ¿Cortacéspedes, quitanieves, motores de barcos? Si es así, se puede ganar dinero al hacerlo. Lo mismo ocurre con los electrodomésticos simples como lavadoras, secadoras, refrigeradores, etc.
26) **Fotografía.** ¿Es bueno con la cámara? Si es así, usted puede contratarse para eventos especiales como bodas, celebraciones de aniversario, bailes de graduación, fotos de tarjetas de vacaciones familiares, fotos de mascotas familiares, etc.
27) **Clases de Música, Clases de Instrumentos Musicales.** ¿Es un buen cantante? ¿Bueno en el piano, la batería, la guitarra? Gane dinero extra dando clases a personas que intentan ser mejores cantantes o músicos.
28) **Instructor de baile.** ¿Es lo suficientemente bueno bailando como para poder enseñar? ¿Es lo suficientemente bueno para ofrecer lecciones a una pareja que quiere aprender o perfeccionar su baile antes del día de su boda?
29) **Mystery Shopping.** Muchas compañías minoristas nacionales tienen programas de compras misteriosas en los que envían a un comprador misterioso anónimo para ver cómo se trata a sus clientes. Se le puede pagar por visitar restaurantes y comercios minoristas. Comience con **Best Mark** o **Market Force** para ver qué oportunidades de compras misteriosas están disponibles en su área.

30) **Limpieza de Ventanas.** Este es otro trabajo por el que la gente pagará a otras personas. La limpieza de ventanas requiere una cantidad mínima de herramientas.
31) **Reparación de Computadoras y Dispositivos Electrónicos.** ¿Es bueno en esto? Muchas personas están dispuestas a pagar una buena tarifa para que alguien repare su computadora u otros dispositivos electrónicos. Muchas veces, estos son problemas muy simples y el cliente simplemente no es experto en tecnología.
32) **Artista de caricaturas, pintor de caras.** Mi sobrina tiene mucho talento para dibujar caricaturas. Puede dibujar una caricatura en unos 10 minutos y a menudo lleva su caballete y lápiz a varios eventos importantes en la ciudad y se ofrece a hacer bocetos, por un precio, por supuesto. Lo hizo en grandes conciertos y eventos deportivos. También fue a la playa los días en que mucha gente estaba allí y se ofreció a hacer sketches de caricaturas. En la misma línea, aprendió a pintar la cara y luego usó esa habilidad para ganar dinero extra en los partidos de fútbol de la universidad.
33) **Camisetas de diseño.** ¿Tiene un don para crear diseños para cosas como camisetas, calcomanías para parachoques, tazas de café, etc.? Si es así, visite CafePress. Usted puede poner sus diseños a la venta en ese sitio; y entonces, cuando los clientes ordenan una camiseta con uno de sus diseños, usted ganará una porción de las ganancias. CafePress enviará el artículo al cliente y recogerá el dinero. No tendrás que hacer nada más que cargar el diseño.
34) **Clases privadas de cocina.** ¿Es una gran cocinera? Si es así, puedes ganar algo de dinero extra enseñando a otras personas a cocinar. Tal vez algunas personas sólo quieran aprender lo básico de la cocina. Otros podrían querer aprender a hacer postres o a hornear tartas. Otros pueden

querer un curso intensivo de cocina italiana o francesa. Puedes ganar dinero extra enseñando a otros en lo que ya eres bueno.

35) **Organizar Casas u Oficinas.** ¿Es bueno organizando cosas? Usted puede ayudar a la gente a deshacerse del desorden en sus casas y oficinas.

36) **Diseño de páginas web.** ¿Es usted un experto en diseño web? Si es así, su conjunto de habilidades le ofrece una gran oportunidad para ganar dinero extra. Y puede hacerlo todo a través de Internet. ¿Busca conseguir algunos trabajos de diseño web? Comience con **Upwork** y **Fiverr**.

37) **Conduce por dinero en efectivo.** ¿Tiene un buen coche? ¿Sabe moverse por la ciudad en la que vive? Puedes ganar dinero llevando a la gente a su destino. Muchos de ustedes han oído hablar de **Uber** o **Lyft**. Si prefieres no llevar a la gente de un lado a otro, hay un servicio de entrega a petición llamado **Postmate** en el que se te pagará para que entregues comestibles, comidas en restaurantes, pedidos en tiendas de licores, etc.

38) **Videógrafo.** ¿Tiene una cámara de video? ¿Es bueno convirtiendo fotos en videos? Entonces deberías ser capaz de ganar dinero como camarógrafo. Comience con eventos especiales como recepciones de boda, fiestas de cumpleaños, aniversarios, reuniones familiares y de clase, etc.

39) **Servicios de Diseño Gráfico.** La mayoría de las pequeñas empresas no pueden permitirse agencias de publicidad costosas para diseñar sus diversos materiales de marketing. Pero si eres experto en diseño gráfico, tienes la oportunidad de ganar dinero extra como diseñador. Deberías poder encontrar algunos trabajos de diseño en **99 Designs**.

40) Home Staging. ¿Puede hacer que su casa luzca atractiva acogedora? Es de conocimiento general que las casas decoradas se venden mucho más rápido y por más dinero que las casas vacías. Si le gusta hacer esto, póngase en contacto con las agencias inmobiliarias locales para ver si están interesadas en este servicio. Tampoco tendrá ningún problema en trabajar para múltiples agencias, ya que las casas ya estarán listadas por una agencia inmobiliaria específica para el momento en que la casa sea puesta en escena.

Capítulo 6--Haga Inversiones Asesinas

En este capítulo, le proporcionaré información para principiantes sobre otras tres fuentes de ingresos pasivos: acciones, CD (certificados de depósito) y bienes raíces. Estoy detallando estas oportunidades de ingresos pasivos en el capítulo final del libro, ya que, en la mayoría de los casos, se trata de oportunidades de "usar el dinero para ganar más dinero". Aunque no se requieren grandes cantidades de dinero para ninguna de estas actividades, usted necesitará al menos tener algo de dinero para comenzar a participar en estas oportunidades de inversión.

Cómo empezar a invertir en acciones

Si nunca ha invertido en acciones, es importante que sepa que invertir en acciones no es tan complicado como parece. Ahora hay muchas herramientas fáciles de usar disponibles para ayudarle a invertir en acciones, ya sea que quiera tomar un enfoque práctico o no práctico. Si está considerando invertir en acciones, una de las cosas más importantes que debe recordar es que invertir en acciones es un juego a largo plazo. No se supone que sea un plan para hacerse rico rápidamente. En otras palabras, no debe invertir dinero en acciones que pueda necesitar a corto plazo. Esto incluye cualquier fondo de emergencia que usted pudiera haber escondido. La razón de esto es que muchas inversiones en acciones fluctuarán y, si usted necesita salir de estas inversiones porque necesita dinero en efectivo para otras cosas, usted estará sujeto a dondequiera que esté el mercado en ese momento. Y, si el mercado o sus acciones están a la baja, usted puede incluso perder dinero en su inversión original. Se ha comprobado que la mayoría de las inversiones en acciones continuarán aumentando de valor con el tiempo, pero el mercado fluctuará y usted querrá asegurarse de que no se encuentra en una posición en la que tenga que retirar sus fondos cuando el mercado y sus inversiones estén en valor bajo. Como regla general, usted debe sentirse cómodo al separarse de su dinero por lo menos durante cinco años. ¿Por qué cinco años? Esto se debe a que la historia muestra que incluso si el mercado sufre una recesión, es muy poco probable que una recesión dure más de cinco años.

Si aún no ha invertido en el mercado de valores y se pregunta si puede invertir, aunque no tenga mucho dinero, la respuesta es sí, aunque hay algunos desafíos. Estos desafíos pueden ser superados, pero usted necesita estar al tanto de ellos antes de comenzar a invertir. El primer reto para superar es que muchas inversiones en acciones requieren un mínimo. El segundo reto tiene que ver con la diversificación. Con las estrategias de inversión en acciones, es práctica común diversificar sus inversiones para que no tenga "todos sus huevos en una sola canasta". Si usted tiene fondos limitados, va a ser difícil repartir sus fondos limitados.

La solución a ambos desafíos es invertir en fondos de índices bursátiles y ETFs (fondos cotizados en bolsa). Para aquellos que no están familiarizados con los fondos cotizados en bolsa, deben saber que los ETFs son fondos de inversión que se negocian en la bolsa de valores, de forma muy parecida a las acciones. Los ETFs tienen activos tales como acciones, materias primas o bonos. Mientras que los fondos mutuos pueden requerir una inversión mínima de $1000 o más, los fondos de índices bursátiles mínimos tienden a ser más bajos y los ETFs tienden a ser aún más bajos que los fondos de índices. De hecho, algunos corredores ofrecen fondos indexados sin ningún mínimo. (Fidelity y Charles Schwab son dos de los corredores que ofrecen fondos indexados sin mínimos.) Por lo tanto, los fondos indexados no sólo están disponibles sin mínimos, sino que también tienen una solución incorporada al problema de la diversificación, ya que los fondos indexados consisten en muchas acciones diferentes dentro de un mismo fondo.

Si está interesado en recibir un flujo de ingresos pasivo para sus inversiones en acciones sin tener que vender las acciones en las que ha invertido, podría considerar acciones de dividendos, acciones que pagan dividendos. Las compañías bien establecidas como Target, Pepsico, Exxon o Disney son más propensas a pagar dividendos que algunas de las compañías más nuevas y menos establecidas. Las empresas más establecidas ya no necesitan invertir todos sus beneficios en el crecimiento de la empresa y pueden permitirse el lujo de pagar los beneficios a sus inversores. Por otro lado, las empresas más nuevas, especialmente las empresas de tecnología o biotecnología son mucho menos propensas a pagar dividendos, ya que quieren utilizar la mayor parte de sus beneficios como sea posible para expandir la empresa.

Hay dos tipos principales de dividendos: dividendos en efectivo y dividendos en acciones. Estos dividendos a menudo se pagan trimestralmente, aunque algunos se pagan mensual o semestralmente. Los dividendos ofrecen a las empresas una forma de distribuir los ingresos de vuelta a los inversores y una de las formas en que los inversores obtienen un rendimiento de la inversión en acciones. Los dividendos en efectivo se pagan por cada acción que usted posea. Por ejemplo, si usted posee 20 acciones de una compañía y esa compañía paga $2 en dividendos anuales, usted recibirá $40 por año por sus acciones. Algunas compañías pagan dividendos en acciones en lugar de dividendos en efectivo, así que, en lugar de obtener dinero de su inversión, usted recibirá acciones adicionales de la compañía. Entonces usted podrá vender esas acciones si desea obtener dinero en efectivo o podrá mantenerlas invertidas en la compañía. Algunas compañías ofrecen programas de reinversión de dividendos, llamados DRIPs, en los que se permite a los inversionistas reinvertir sus dividendos en las acciones de la compañía, a menudo a una tasa de descuento. Por lo tanto, si está interesado en recibir un flujo de ingresos pasivo de sus inversiones en acciones, querrá elegir específicamente acciones de dividendos para su cartera.

Ahora que le he dado información básica sobre las acciones, debería estar listo para comenzar a invertir. Estos son algunos pasos sencillos para comenzar:

Determine si va a ser un inversionista activo o pasivo. Si desea participar activamente en la elección de las acciones en las que invierte, necesitará un corredor de bolsa. Voy a recomendar tres corredores diferentes que son muy adecuados para los inversores principiantes:

1) **Merrill Edge.** Una buena opción para los inversores principiantes, ya que no se requiere un depósito mínimo. Cargos de $6.95 por operación.

2) **TD Ameritrade.** Otra buena opción para principiantes. Al igual que Merrill Edge, no se requiere un depósito mínimo y se cobra un cargo de $6.95 por operación. Actualmente se está llevando a cabo una promoción en la que se eximen los cargos comerciales durante 60 días, pero con un depósito calificativo. Con cualquier corredor que esté considerando, por favor revise sus sitios para ver qué promociones están ofreciendo. Estas ofertas promocionales siempre están sujetas a cambios, por lo que lo que se ofrece un mes podría no estar disponible el siguiente mes.

3) **E-Trade** requiere un saldo mínimo de $500, pero también tienen una promoción que ofrece un crédito en efectivo, hasta $600, para un depósito en cuenta que califique. $6.95 de cargo por operación.

Si usted no quiere estar muy involucrado en la selección de las acciones en las que invierte, debería considerar el uso de una cuenta de robo-asesor en lugar de un corredor de bolsa. La mayoría de los principales corredores ofrecen robo-asesores, ya que son extremadamente rentables para el inversor ocasional. Al utilizar un robo-asesor, usted puede obtener todos los beneficios de la inversión en acciones sin tener que hacer toda la investigación que tendría que hacer si seleccionara las acciones en las que desea invertir. Los servicios de Robo-Asesor cubren la gestión completa de la inversión. Cuando se registre para un robo-asesor, se le harán una serie de preguntas sobre sus objetivos de inversión. A partir de esa información, el robo-asesor creará un portafolio que se ajuste a sus metas y objetivos. Aquí hay tres diferentes robo-asesores que son muy adecuados para los inversores principiantes:

1) **Wealthfront.** Cuenta mínima de $500 con una comisión de administración de 0.25%. Tenga en cuenta que la comisión de gestión del 0,25% es sustancialmente inferior a la que pagaría a un gestor de inversiones.

2) **Betterment.** Sin mínimo de cuenta con una comisión de gestión del 0,25% que puede ser gratuita hasta por un año con un depósito elegible.

3) **SoFi.** Cuenta mínima de $100 con 0% de comisiones de administración.

Una nota más antes de pasar de las acciones a los CDs: Una de las mejores opciones de inversión en acciones para principiantes son los fondos mutuos. Los fondos mutuos ofrecen una manera fácil y de bajo costo para que usted se empape en el mercado de valores. Un fondo S&P 500 es un buen punto de partida. Para aquellos de ustedes que han escuchado el término S&P fund, pero no saben lo que significa, un fondo S&P es un fondo que consiste en acciones de las 500 compañías más grandes de los Estados Unidos. Si usted invierte en un fondo S&P, estará comprando una pequeña porción de 500 de las compañías más exitosas del país. Como estas compañías ya son entidades probadas, usted estará invirtiendo en un grupo de compañías que probablemente continuará prosperando.

De la misma manera, si está utilizando un robo-asesor, el asesor podrá crear una cartera de acciones de empresas exitosas con las que podrá poseer una parte de cada uno de estos clientes y diversificar su cartera. Se trata de inversiones en acciones de bajo riesgo, ya que las compañías en las que se invertirá serán entidades de una eficacia ya probada.

Todo acerca de CD Laddering

Antes de hablar sobre el CD Laddering, definiré lo que es un CD. Un CD es un certificado de depósito. Es un depósito a plazo fijo que comúnmente venden los bancos, las cooperativas de crédito o las instituciones de ahorro. Los certificados de depósito ofrecen una alternativa de muy bajo riesgo para las personas que buscan obtener tasas de interés más altas que las escasas tasas de interés que obtienen en sus cuentas de ahorro. La desventaja es que con una cuenta de ahorros usted generalmente puede retirar su dinero en cualquier momento sin tener que pagar una multa por retiro. Con un CD, usted no podrá tener acceso a su dinero por la duración del depósito, ya sea un depósito de un año o un depósito de cinco años.

El escalado de CD o CD Laddering es un proceso muy sencillo. El escalado de CDs implica la compra de múltiples CDs al mismo tiempo, con cada CD madurando en diferentes momentos, por ejemplo, 1 año, 3 años, 5 años. En lugar de colocar todo el dinero de su CD en el mismo intervalo de tiempo, usted elegirá diferentes intervalos. El escalado de CD ofrece una flexibilidad total. Usted puede comprar diferentes cantidades para diferentes intervalos; incluso puede elegir diferentes bancos para sus diferentes CDs, dependiendo de las tasas de interés ofrecidas por esos diferentes bancos. Por ejemplo, si tiene $10,000 para invertir en certificados de depósito, podría invertir $3,000 en un CD a 1 año, $3,000 en un CD a 2 años, $2,000 en un CD a 3 años y $2,000 en un CD a 5 años. Tal vez utilice un banco para los certificados de depósito a un año y a dos años y otro banco para los certificados de depósito a tres y cinco años porque ofrecen una tasa de interés más alta que la que ofrece el primer banco en esos intervalos.

Los CD ya garantizan una tasa de retorno. Al escalonar, usted puede obtener tasas de interés aún más altas y siempre estará cerca de tener dinero disponible para cualquier emergencia inesperada.

Permítame darle otro ejemplo para mostrarle cómo puede ganar intereses adicionales al escalonar su CDS. De nuevo, digamos que tiene $10,000 para invertir en CDs. Si invierte todos los $10,000 en certificados de depósito a un año y continúa vendiendo esos certificados a medida que vencen, con un rendimiento porcentual anual del 2.8%, habrá aumentado sus $10,000 a $11,502.68 en un período de 10 años. Por otro lado, si usted toma los mismos $10,000 e invierte $2,000 cada uno en certificados de depósito a 1, 2, 3, 4 y 5 años, obtendrá las tasas de interés más altas a medida que aumente la duración del plazo. Si está obteniendo el 2.8% de interés en un año, 2.95% en un año, 3% en un período de 3 años, 3.05% en un período de 4 años y 3.15% en un período de 5 años, los $10,000 originales habrán aumentado a $11,668.36 después de 10 años.

Cuatro maneras simples de obtener ingresos por inversiones inmobiliarias

Invertir en bienes raíces ofrece oportunidades lucrativas para que usted obtenga ingresos pasivos adicionales. Una de las cosas emocionantes de invertir en propiedades inmobiliarias es que, a diferencia de las acciones y los bonos, usted puede pagar sólo una parte de su inversión inmobiliaria antes de que pueda empezar a ganar dinero con ella. Normalmente, usted pagará entre el 20 y el 25% como pago inicial por los bienes raíces que compre. En algunos casos, usted puede pagar hasta un 5%. Independientemente de cuál sea su porcentaje, desde el momento en que firme los papeles de su hipoteca, podrá comenzar a ganar dinero con esa inversión.

Veamos cuatro maneras sencillas de ganar dinero con sus inversiones en bienes raíces:

1) **Conviértase en propietario.** Si usted compra una casa o una pequeña propiedad comercial, podrá ganar dinero alquilando esa propiedad. Lo bueno de esto es obvio. Usted podrá usar los pagos de su inquilino para pagar su hipoteca. En muchos casos, usted estará cobrando a sus inquilinos una renta mensual que es más que los pagos mensuales de su hipoteca. Por lo tanto, no sólo puede ganar dinero con los pagos mensuales de un inquilino, sino que también puede utilizarlos para hacer los pagos de la hipoteca y aumentar el

valor líquido de la propiedad, ya que es probable que la propiedad se esté apreciando.

Para ser justos, hay algunos posibles aspectos negativos de ser propietario. A menos que usted le pague a una compañía para que administre su propiedad, usted estará atascado con el manejo de cualquier problema en esa propiedad. Si el calentador de agua se apaga, usted será responsable de reemplazarlo lo antes posible. Si la lavadora deja de funcionar, usted tiene que repararla o reemplazarla... en la mayoría de los casos, a su cargo. Si usted alquila a malos inquilinos, es posible que ellos puedan dañar o destruir su propiedad. Si ellos no pagan su renta mensual, usted todavía tendrá que hacer el pago de su hipoteca e incluso podría tener que pagar para desalojar a esos inquilinos. Si usted no puede alquilar su propiedad y está vacía, todavía tendrá que hacer el pago de la hipoteca.

Dicho esto, si alguna vez llega a un punto en el que su hipoteca está pagada, el alquiler que cobra se convertirá en casi todo beneficio. Al mismo tiempo, como usted es dueño de la propiedad por un período de tiempo, esa propiedad probablemente va a apreciar y usted tendrá un activo mucho más valioso que el que tenía al principio.

2) **Los grupos de inversión inmobiliaria** son una gran opción para las personas que quieren tener bienes raíces, pero no quieren las molestias de ser propietario o administrar una propiedad. En un grupo típico de bienes raíces, una compañía compra o construye un conjunto de edificios de apartamentos o un complejo de condominios. Luego permiten que la gente compre las unidades dentro de esos edificios o complejos. Una persona que compra una unidad

pasa a formar parte del grupo de inversión inmobiliaria. Un solo inversionista puede poseer una o varias unidades en los edificios o complejos, pero la compañía que opera el grupo de inversión continuará administrando todas las unidades, manejando todo el mantenimiento, anunciando vacantes y asegurando inquilinos, a cambio de un cierto porcentaje de la renta mensual. Si usted está en un grupo de bienes raíces y su unidad en particular tiene una vacante, aun así, recibirá un pago mensual, ya que cualquier vacante será cubierta por todo el grupo de inversión. Mientras no haya muchas vacantes en el edificio o complejo, usted debería poder obtener ingresos mensuales de la(s) unidad(es) que posee.

3) **Comercio de bienes raíces (flipping).** Este es el lado salvaje de la inversión inmobiliaria. El comercio de bienes raíces es muy arriesgado, pero también puede ser extremadamente lucrativo. Voltear o hacer flipping no es para los "débiles de corazón". Si usted va a tener éxito en el flipping, lo más probable es que tenga que ser bueno en la evaluación de bienes raíces y luego en la comercialización de ese bien inmueble. Hay de dos tipos. El flipper puro está interesado en comprar propiedades que requieren muy poca o ninguna alteración. Ellos simplemente querrán revender la propiedad por más de lo que pagaron por ella. El otro tipo de flipper compra propiedades a precios razonables con la idea de renovarlas o mejorarlas hasta el punto de que puedan ser revendidas con beneficios. Este es a menudo un proceso más largo que el primero, pero las ganancias pueden ser sustanciales. Si usted va a hacer este tipo de cambio, usted va a tener que estar dispuesto a asegurar contratistas que puedan renovar la propiedad y usted va a tener que estar dispuesto a supervisar este trabajo. Algunas personas se

meten en líos sin tener una idea de a quién contratar o cuánto va a costar hacer las mejoras que quieren hacer para darle más valor a la propiedad. Si usted ha sido enganchado en los programas de televisión que giran en torno a flippear casas o si usted ha estado leyendo algunas de las historias de éxito tremendo con respecto al tema usted debe saber que también hay muchas historias por ahí acerca de los novatos que esperaban hacer su fortuna, pero no pudieron hacerlo y tuvieron una experiencia desastrosa.

4) **Los fondos de inversión inmobiliarios (REIT)** son básicamente una versión más formalizada de los grupos de inversión inmobiliaria. Un REIT se crea cuando una corporación (o fideicomiso) utiliza el dinero del inversionista para comprar y operar propiedades con ingresos. A diferencia de los grupos de inversión inmobiliaria antes mencionados, los REITS incluyen propiedades no residenciales o empresas inmobiliarias, como centros comerciales y complejos de oficinas. Los REITs se compran y se venden en las principales bolsas, al igual que las acciones. Con los REITs, una corporación debe pagar el 90% de sus ganancias excedentes a los inversionistas en forma de dividendos para mantener su estatus de REIT. De este modo, los REIT no tienen que pagar impuestos sobre la renta de las empresas, mientras que una empresa normal estaría sujeta a impuestos sobre sus beneficios y tendría que decidir si emitir o no dividendos a los inversores a partir de sus beneficios después de impuestos. Los REITs se consideran una inversión sólida para los inversores que desean obtener ingresos regulares.

Conclusión

¿Hay un mejor momento que ahora para empezar a ganar más dinero? Con todas las fuentes de ingresos pasivos que le he proporcionado en este libro, ya no puede decir que no tiene ninguna idea de cómo puede ganar dinero extra. Nadie pretenderá nunca que todas estas ideas se adapten a usted, sin embargo, definitivamente hay algunas ideas que usted puede perseguir. Ahora la pregunta es, ¿va a pasar su tiempo quejándose de que no tiene ninguna fuente de ingresos extra o va a hacer algo al respecto? Le he dado las herramientas para tener éxito. Lo que hagas con esas herramientas depende de ti. Cuando era niño y compro un juguete nuevo para su cumpleaños, ¿espero a usar ese juguete nuevo? Supongo que empezó a jugar con ese nuevo juguete inmediatamente. Lo mismo ocurre con las ideas de este libro. Seguramente, usted encontró por lo menos algunas buenas ideas entre todas las opciones que presenté. Disculpe la analogía, pero ahora que ha leído este libro, el autobús acaba de dejarle en el camino del éxito. ¿Va a tomar esa carretera o va a volver al autobús?

Ya sea que use su dinero para ganar más dinero o que simplemente use sus habilidades para ganar dinero, es hora de empezar ahora. Dudo que usted hubiera leído este libro si no estuviera interesado en ganar más dinero. Sí, la mayoría de las ideas presentadas requerirán algún tiempo o esfuerzo de su parte. Sin embargo, si usted está dispuesto a poner en el esfuerzo inicial, muchas de las ideas presentadas le permitirán ganar dinero extra, algo de ello mientras duerme. Revisar el saldo de su cuenta bancaria puede convertirse en algo que espera con ansias en lugar de algo que preferiría no hacer en absoluto.

Ya sea que se embarque en micro-inversiones, blogs, préstamos entre pares o simplemente paseando perros, no hay mejor momento que ahora para que empiece a ganar más dinero.

Fuente

Capítulo 1.

Brassfield, Mike. (Actualizado el 1 de agosto de 2019). "A Beginner's Guide to Micro-Investing". https://www.thepennyhoarder.com/investing/how-to-start-micro- investing/

Capítulo 2.

Hussain, Anum. (28 de noviembre de 2018). " How to Create an Ebook from Start to Finish ". https:/blog.hubspot.com/marketing/how-to-create-an-ebook-free-templates/

Bolt, Chandler. (2 de agosto de 2019). " Your Guide on How to Make Money with Ebooks ". https://www.nichepursuits.com/guide-to-make-money-ebooks/

Bolt, Chandler. (30 de julio de 2019). " How to Make an-Audio Book Step-by-Step ". https://self-publishingschool.com/creating-audio-book-every-author-know/

(Nombre del autor, fecha no disponible) https://socialtriggers.com/online-courses-create-and-sell/

Capítulo 3.

Knapp, Jessica. (26 de diciembre de 2017). "How to Make Money with Your Blog in 2019". https://www.bloggingbasics101.com/how-can-i-make-money-from-my-blog/

Peterson, Sarah. (Actualizado el 31 de mayo de 2019). "7 Totally Legitimate Ways to Make Passive Income from Your Blog ". https://smartblogger.com/ways-to make-passive-income/

Morrow, Jon. (Actualizado el 15 de agosto de 2019). " How to Make Money Blogging. (Free Guide for 2019)". https://smartblogger.com/make-money-blogging/

Lohana, Pooja. (Fecha no disponible.) "6 Ways to Make Money with Advertising on Your Blog and the Websites to Help You ". https://www.jeffbullas.com/blog/-advertising/

Capítulo 4.

Enfroy, Adam. (Fecha no disponible) " Affiliate Marketing in 2019. What It Is and How You Can Get Started ". https://www.bigcommerce.com/blog/affiliate-marketing/

(Nombre del autor no disponible) (21 de febrero de 2019 Affiliate Marketing: 5 Successful Strategies for Beginners"". https://www.renderforest.com/blog/affiliate-marketing-trends-2019/

Largo, Jonathan. (16 de mayo de 2019). "6 Steps to Building a Successful Online Dropshipping Business ". https://www.entrepreneur.com/article/297744

(Nombre del autor, fecha no disponible). " Dropshipping 101: Ecommerce without Inventory ". https://www.my.oberlo.com/blog/dropshipping-niches/

Basuthakur, Radhika. (17 de octubre de 2018). " Affiliate Marketing for Beginners: How to Make Your First Affiliate Marketing Sale in 7 Steps ". https://affilorama.com/blog/first-affiliate-marketing-sale/

Capítulo 5.

Spencer, Jamie. (Actualizado el 15 de julio de 2019). "How to Make a Website". https://makeawebsitehub.com/start-amazon-fba-business/

Ravia. (28 de noviembre de 2018). "8 Best Dropshipping Companies for Your Ecommerce Business ". https://emergeapp.net/drop-shipping/8-best-drop-shipping-companies/

Carragher, Gennifer. (Fecha no disponible.) "How to Leverage the Power of Amazon FBA ". https://bigcommerce.com/blog/amazon-fba/#how-amazon-fba-works/

Hufford, Jillian. (19 de agosto de 2019). " Are Fulfillment by Amazon's (FBA) Fees Worth the Cost ". https://nchannel.com/blog/is-fulfillment-by-amazon-fba-worth-the-cost/

Mercadante, Kevin. (Actualizado el 7 de abril de 2019). "Should You Invest in Peer-to-Peer Loans". https://moneyunder30.com/invest-in-peer-to-peer-loans/

Muller, Chris. (16 de abril de 2019). " Best Peer-to-Peer Lending Sites for Borrowers and Investors ". https://moneyunder30.com/peer-to-peer-lending-sites-for-borrowers-and-investors/

Hayes, Deacon. (30 de marzo de 2019). "80 Easy Ways to Make Money Fast ". https://wellkeptwallet.com/best-money-making-ideas/

Capítulo 6.

O'Shea, Arielle. (25 de julio de 2019) "How to Invest in Stocks".
https://www.nerdwallet.com/blog/investing/how-to-invest-in-stocks/

Dixon, Amanda. (5 de junio de 2019). "How CD Laddering Can Help You Boost Your Earnings".
https://www.bankrate.com/banking/cds/cd-ladder-guide/

Beattie, Andrew. (Actualizado el 27 de mayo de 2019). "4 Simple Ways to Invest in Real Estate ".
https://www.investopedia.com/investing/simple-ways-invest-real-estate/

www.ingramcontent.com/pod-product-compliance
Lightning Source LLC
Chambersburg PA
CBHW031125080526
44587CB00011B/1115